세종특별자치시교육청

교육공무직원 및 특수운영직군

필기시험

정답 및 해설

SEOWONGAK

(주)서원각

제1회 정답 및 해설

[직종별] 국어

1 ③

①④ 유의 관계
② 상하관계

2 ①

한글 맞춤법은 표준어를 소리대로 적되, 어법에 맞도록 함을 원칙으로 한다.

3 ②

② 어근과 어근의 결합인 합성어이다.
①③④ 접사가 붙은 파생어이다.

4 ①

① 기준은 그대로 <u>주저앉아 버렸다</u>.

5 ③

무엇을 – 뭣을/무얼/뭘

6 ④

④의 미닫이[미다지]는 받침 'ㄷ, ㅌ(ㄾ)'이 조사나 접미사의 모음 'ㅣ'와 결합되는 경우에는, [ㅈ, ㅊ]으로 바꾸어서 뒤 음절 첫소리로 옮겨 발음하는 음의 동화이다.

7 ②

① 넉넉치 않은→넉넉지 않은
③ 들어나자→드러나자
④ 것이요→것이오

8 ③

제시된 문장에서 '에서'는 앞말이 근거의 뜻을 갖는 부사어임을 나타내는 격조사로 쓰였다.
① 앞말이 행동이 이루어지고 있는 처소의 부사어임을 나타내는 격조사
② 앞말이 출발점의 뜻을 갖는 부사어임을 나타내는 격조사
④ (단체를 나타내는 명사 뒤에 붙어) 앞말이 주어임을 나타내는 격조사

9 ③

가는김에→가는 김에

10 ②

② 울릉 – Ulleung

11 ③

① 스탬프
② 리더십
④ 아이섀도(eye shadow)

12 ①

① 간편이→간편히

13 ④

• 기원(起源/起原) : 사물이 처음으로 생김. 또는 그런 근원.
• 기원(祈願) : 바라는 일이 이루어지기를 빎.
• 기원(棋院/碁院) : 바둑을 두는 사람에게 장소와 시설을 빌려주고 돈을 받는 곳.

14 ③

③ 여태껏 / 이제껏 / 입때껏

15 ③

① 기여하고저 → 기여하고자

② 퍼붇다 → 퍼붓다

③ 안성마춤 → 안성맞춤, 삵괭이 ↱살쾡이, 더우기 → 더욱이

④ 굼주리다 → 굶주리다

16 ③

③에서 사용한 손이 크다는 말은 씀씀이가 후하고 크다는 관용 표현이 아닌 실제로 미영이의 손이 큰 것이라고 볼 수 있다.

17 ③

위 글은 '전문적 읽기'를 '주제 통합적 독서'와 '과정에 따른 독서'로 나누고 이에 대한 방법을 설명하고 있으므로 글의 중심 내용은 '전문적 읽기 방법'이다.

18 ④

다이아몬드가 생각하는 불평등에 대한 내용이다. 각 문장 앞에 온 접속어에 주의하여 논리적 흐름에 맞게 글을 배열하면 ㈐ - ㈎ - ㈏ - ㈐의 순서가 된다.

19 ②

① 사투리에 관한 내용은 제시되지 않았다.

③ 억양은 소리의 높낮이의 이어짐으로 이루어지는 일정한 유형으로 이에 따라 같은 문장이라도 의문문도 평서문도 될 수 있다.

④ 억양은 발화 태도와 의미가 드러나 있기 때문에 이를 잘 이해해야 정확한 뜻을 전달할 수 있다.

20 ②

주어진 빈칸의 뒤에 오는 문장에서 문어체와 대화체의 특성을 설명하고 있으므로 빈칸에는 ②가 오는 것이 적절하다.

21 ④

최근에는 범죄 수사나 신분 확인을 위한 보안 기술에 지문이 적극적으로 활용되고 있다고 했으므로 ④의 내용을 옳지 않다.

22 ②

비유는 비슷한 사물이나 형상을 보조 개념으로 가져와 빗대어 표현하는 방법이다. 제시된 글에서 ㉠은 우리나라의 빠르게 일을 처리하려는 문화를 세계 최고를 위한 '희망의 윤활유'에 빗대어 표현하고 있다.

23 ③

글의 마지막 문장에서 화자는 현대 사회의 속도를 비판적으로 인식하고 그 한계를 자각함을 통해 스스로를 세울 수 있다고 했으므로 ③이 가장 적절하다.

24 ②

위 글은 협동하며 살아가는 개미를 통해 자연계의 생물들의 생존 법칙이 '적자생존'이 아닌 '공생'임을 강조하고 있다.

25 ③

③ 위 글에서는 살아남는 존재들의 비결은 공생이라고 말하고 있다.

[직종별] 학교업무 이해하기

1 ④

세종교육 정책 기본 방향은 미래교육, 혁신교육, 책임교육이다.

2 ④

세종교육의 비전 및 지표
- ㉠ 비전 : 새로운 학교 행복한 아이들
- ㉡ 지표 : 생각하는 사람 참여하는 시민

3 ③

세종시교육청 본청기구 조직도

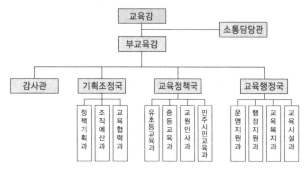

4 ①

부교육감은 당해 시·도의 교육감이 추천한 자를 교육부장관의 제청으로 국무총리를 거쳐 대통령이 임명한다.

5 ④

교육감의 관장사무
- ㉠ 조례안의 작성 및 제출에 관한 사항
- ㉡ 예산안의 편성 및 제출에 관한 사항
- ㉢ 결산서의 작성 및 제출에 관한 사항
- ㉣ 교육규칙의 제정에 관한 사항
- ㉤ 학교, 그 밖의 교육기관의 설치·이전 및 폐지에 관한 사항
- ㉥ 교육과정의 운영에 관한 사항
- ㉦ 과학·기술교육의 진흥에 관한 사항
- ㉧ 평생교육, 그 밖의 교육·학예진흥에 관한 사항
- ㉨ 학교체육·보건 및 학교환경정화에 관한 사항

- ㉩ 학생통학구역에 관한 사항
- ㉪ 교육·학예의 시설·설비 및 교구(教具)에 관한 사항
- ㉫ 재산의 취득·처분에 관한 사항
- ㉬ 특별부과금·사용료·수수료·분담금 및 가입금에 관한 사항
- ㉭ 기채(起債)·차입금 또는 예산 외의 의무부담에 관한 사항
- ⓐ 기금의 설치·운용에 관한 사항
- ⓑ 소속 국가공무원 및 지방공무원의 인사관리에 관한 사항
- ⓒ 그 밖에 당해 시·도의 교육·학예에 관한 사항과 위임된 사항

6 ③

법, 법령, 법규의 개념
- ㉠ **법** : 국가의 공권력에 의해 그 이행이 강제되는 규범
- ㉡ **법률** : 국회의 의결을 거쳐 대통령이 서명 공포한 법
- ㉢ **법령** : 보통 법률과 명령(대통령령, 총리령, 부령)
- ㉣ **법규** : 국민의 권리와 의무에 관계된 법 규범
- ㉤ **교육법규** : 교육에 관한 사항을 규정하고 있는 모든 법 규범

7 ④

제시된 ㉠~㉥ 모두 해당하며 그 밖에 교육목적에 필요한 범위에서 교육부령으로 정하는 사항이 포함된다.

8 ③

① '학생정보'란에는 성명, 성별, 주민등록번호와 입학당시의 주소를 입력하되, 재학 중 주소가 변경된 경우 변경된 주소를 누가하여 입력한다.

② 중·고등학교에서는 입학 전 전적학교의 졸업연월일과 학교명을 입력하며, 검정고시 합격자는 합격연월일과 '졸업학력 검정고시 합격'이라고 입력한다.

④ '특기사항'란에는 학적변동의 사유를 입력한다. 특기사항 중 학교폭력과 관련된 사항은 「학교폭력예방 및 대책에 관한 법률」 제17조에 따른 가해학생에 대한 조치사항을 입력한다.

9 ③

귀국학생 등이 조기진급 등에 관한 규정 제5조에 따른 조기진급 · 졸업 · 진학 평가위원회가 실시하는 교과목별 이수인정평가의 결과에 따라 학년을 정하여 재취학 · 편입학하는 경우 에는 재취학 및 편입학 당시 해당학년의 수학가능성을 인정한 것이므로 수업일수가 당해 학년도 수업일수의 <u>3분의 2</u> 이상에 미달하여도 해당학년 수료에 영향을 받지 아니한다.

10 ②

학교생활기록부(학교생활기록부 I)는 해당학생 졸업 후 <u>5년 동안</u> 학교에서 보존 · 관리하고 이후 관할 교육청 자료관으로 이관하여 '기록물전문관리기관'으로 이관하기 전까지 보존 · 관리하여야 한다.

11 ①

② 학교생활기록부 영역별 특기사항은 객관적 사실 위주로 기재하되, 과도한 기재를 막고 개인의 특성이 드러나는 핵심사항을 중심으로 충실히 기재한다.

③ 학교생활기록부의 문자는 한글로 입력하되, 부득이한 경우 영문으로 입력할 수 있다.

④ 전입교에서는 전입 당일 교육정보시스템으로 원적교에 전입생 자료를 요청한다.

12 ④

④ 학교생활기록부 정정대장은 전출 · 입시나 입학전형을 실시하는 상급학교에 온라인으로 전송된다. 다만, 인적사항의 정정 내용은 온라인으로 전송되지 않는다.

13 ①

「세종특별자치시교육감 소속 교육공무직원의 채용 및 관리 조례 시행규칙」에 근거하여 교육감 채용이 원칙이다. 다만, 「시행규칙」 제2조에 의하여 교육감이 정하는 바에 따라 운영부서의 장(기관장, 학교장)에게 위임할 수 있다.

14 ④

④ 근로계약의 체결은 교육감과 직접 계약 체결이며, 교육감과 체결한 근로계약서의 근로조건은 기관(학교) 임의로 변경할 수 없다.

15 ③

제시된 내용은 근무성적평정에 대한 설명이다.

① **인사관리** : 조직 내의 인적자원을 최대한 개발 활용함으로써, 행정의 능률과 질적 향상을 도모하고 조직의 목표를 효율적으로 달성코자 이를 계획 · 조직 · 지휘 · 조정 · 통제하는 운영수단

② **채용** : 각급 교육기관에서 임금을 주고 근로관계를 맺는 모든 행위

④ **교육훈련** : 공익의 목적을 효과적으로 달성하기 위하여 직원의 지식과 기능을 변화시켜 그들이 맡은 바 직무를 효과적으로 수행할 수 있도록 역량을 강화하여 조직 적응력 향상 및 직무 능력 향상으로 교육공무직원의 직무 자긍심을 고취하도록 하는 계획된 조직적 활동

16 ①

근무성적평가 업무의 흐름

평가계획 수립	평가 실시	평가 결과 집계	평가결과 제출
• 평정기준, 평가대상, 평정일정, 평가방법 등 운영에 관한 사항	• 근무성적평정서 작성 – 피평정자 : 업무추진실적(업무성과) 작성 – 평정자 및 확인자 : 평정요소별 평가	• 근무성적평가 집계표 작성(근무기관)	• 평가결과 집계표 교육청으로 제출

17 ③

징계의 사유

ⓐ 취업규칙 또는 취업규칙에 의한 명령이나 지시를 위반한 경우

ⓑ 업무상 정당한 지휘, 명령에 불복종하거나 직장 내 질서를 문란케 한 경우

ⓒ 공금을 유용·착복 또는 배임하거나, 업무상 기밀을 누설하여 손해를 끼친 경우

ⓓ 업무상 및 업무 외를 불문하고 사회적으로 물의를 일으키거나 위신을 손상시킨 경우

ⓔ 고의 또는 과실로 시설, 기물, 집기 등을 훼손시킨 경우

ⓕ 안전 및 보건상의 의무를 위반한 경우

ⓖ 금고 이상의 유죄 판결이 확정된 경우

ⓗ 무단으로 결근·지각·조퇴·근무장소 이탈 등 근무태도가 불량한 경우

ⓙ 직무관련자로부터 금품, 향응 등을 제공 받은 경우

ⓚ 업무수행능력이 현저히 부족하거나, 업무태만의 정도가 심한 경우

ⓛ 직장 내 괴롭힘 행위를 한 경우

ⓜ 기타 사회통념상 위 각 호에 준하는 사유에 해당된다고 인정된 경우

18 ④

교육공무직원이 원에 의하여 퇴직하고자 할 때에는 퇴직하고자 하는 날의 <u>30일 전</u>까지 채용권자에게 사직원을 제출하고 승인을 받아야 한다.

19 ③

③ 결근은 사후 승인으로 연차유급 휴가로 대체가 가능하다.

20 ②

임신 중의 여성 근로자에 대하여 출산 전·후를 통하여 <u>90일</u>(쌍생아 이상의 경우 <u>120일</u>)의 출산 전·후 휴가를 부여하여야 하며(휴일 등 포함), 이 경우 출산 후의 휴가기간은 <u>45일</u>(쌍생아 이상의 경우 <u>60일</u>) 이상이 되어야 한다.

21 ④

육아휴직의 대상은 만 8세 이하(초등학교 2학년 이하 자녀 포함)의 자녀를 가진 남녀 근로자이다.

22 ③

'나이스'의 주요 단위업무는 교무/학사, 급식, 방과후학교, 인사, 복무, 급여 등이다.

③ 통합자산관리는 'K-에듀파인'의 주요 단위업무이다.

23 ③

③ 미결은 해당 결재권자의 결재가 이루어지지 않은 것을 말한다. 결재권자에 의해 결재가 완료된 것은 기결이다.

24 ③

③ 준말(줄임말)을 사용할 때에는 원래의 온전한 용어를 기재한 뒤 괄호 안에 '이하 지자체' 형태로 준말을 기재해 사용한다.

25 ②

학교회계 운영의 일반원칙

ⓐ **예산총계주의 원칙** : 예산을 운영하는 학교의 모든 수입과 지출은 학교회계 세입·세출예산에 계상하여야 한다.

ⓑ **공개의 원칙** : 학교재정 운영의 투명성과 책무성을 제고하기 위하여 학교재정운영에 관한 사항(학교회계 예·결산서, 수익자부담경비 등)은 공개하여야 한다.

ⓒ **회계연도 독립의 원칙** : 학교회계 운영에 있어 각 회계연도에 지출하여야 할 경비의 재원은 당해 연도의 세입에서 충당하고, 당해 연도의 세출은 반드시 그해에 지출하여야 하며 다른 연도의 사업에 지출해서는 안 된다.

ⓓ **수입의 직접 사용 금지의 원칙** : 학교장은 학교회계의 모든 수입을 지정된 수납기관에 납부하여야 하며, 예산에 편성하지 아니하고 직접 사용하여서는 안 된다.

ⓔ **예산의 목적 외 사용금지 원칙** : 세출예산을 집행할 때에는 학교운영위원회의 심의 결과를 존중하고 예산편성의 목적을 달성하기 위하여 예산에 정해진 목적 외에 사용할 수 없다.

[공통] 일반상식(사회, 한국사)

1 ①
경기침체 시 정부는 정부지출을 증가하고 조세를 낮춰 투자 및 소비지출을 늘리고 금리와 세율을 인하하여 민간투자와 소비 증대를 유도한다.
① 경기과열 시 정부의 해결방안이다.

2 ④
①②③은 원화가치가 상승할 때 일어나는 현상이다.
※ 환율의 변동

구분	환율인상(평가절하)	환율인하(평가절상)
의미	우리나라 원화 가치의 하락 (1달러 : 1,000원→1달러 : 1,200원)	우리나라 원화 가치의 상승 (1달러 : 1,200원→1달러 : 1,000원)
효과	• 수출↑, 수입↓(국제수지 개선) • 수입원자재의 가격상승으로 물가상승 • 외채상환 부담증가 • 통화량증가, 물가상승 • 해외여행 불리	• 수출↓, 수입↑ • 수입원자재의 가격하락으로 물가안정 • 외채상환 부담감소 • 통화량감소, 물가하락 • 해외여행 유리

3 ③
③ 제시문은 문화지체현상에 대한 설명이다.
④ 문화접변은 다른 성격의 두 문화 체계가 장기간에 걸쳐 전면적인 접촉을 통해 문화요소가 전파되어 일어나는 변동이다.

4 ①
사회·문화현상을 보는 관점
㉠ 기능론적 관점
• 사회 구성요소들은 상호의존적인 관계에 있으며, 사회 전체의 유지와 통합에 기여한다.
• 각 요소들의 역할과 기능은 사회구성원들의 합의에 의해 결정된 것이다.
• 전체 사회는 유기체와 같이 부분들의 체계로 이루어져 있다.
• 통합과 균형을 강조하며, 안정성과 지속성을 기본으로 한다.

• 보수주의 학자들의 지지를 받는다.
㉡ 갈등론적 관점
• 사회 구성요소들은 갈등적인 관계에 있으며, 사회 전체의 변동에 기여한다.
• 각 요소들의 역할과 기능은 강제와 탄압에 의한 것이다.
• 사회가 존속하는 한 희소가치를 둘러싼 갈등과 긴장은 끊임없이 존재한다.
• 갈등과 강제를 중심으로 현상 파괴적 측면을 강조한다.
• 진보주의 학자들의 지지를 받는다.

5 ④
① 〈헌법 제37조 제2항〉
② 〈헌법 제23조 제2항〉
③ 신의성실의 원칙〈민법 제2조 제1항〉
④ 권리와 의무의 주체는 자연인과 법인이다〈민법 제3조, 제34조〉.

6 ③
① 국회의원의 임기는 4년이다〈헌법 제42조〉.
② 대통령의 임기는 5년이며 중임할 수 없다〈헌법 제70조〉.
③ 대법원장의 임기는 6년이며 중임할 수 없다〈헌법 제105조 제1항〉.
④ 헌법재판소 재판관의 임기는 6년이며 법률이 정하는 바에 의하여 연임할 수 있다〈헌법 제112조〉.

7 ④
제시된 내용은 간접세에 대한 설명이다. 간접세는 납세자와 담세자가 다른 조세로 조세의 전가가 가능하며, 대중과세의 성격을 지닌다. 비례세율의 적용으로 빈부격차가 심화되는 단점이 있어 공정성의 문제가 제기된다. 종류에는 부가가치세, 특별소비세, 전화세, 주세, 인지세 등이 있다.

8 ②

제시된 내용은 디플레이션에 대한 설명이다.

③ 리플레이션은 디플레이션에서 벗어나 아직은 심한 인플레이션까지는 이르지 않은 상태를 말한다.

④ 스태그플레이션은 경기침체에도 불구하고 물가가 상승하는 현상을 말한다.

9 ③

③ 네트워크형 조직

①②④ 팀(Team)제 조직

※ 탈관료제의 형태

ⓙ 팀(Team)제 조직 : 일시적인 업무의 처리를 위해 신속하게 조직되고, 해체되는 조직이다.

- 집단으로 토론하며 의사결정을 한다.
- 근무환경이 자유롭고, 능력에 따른 보상이 주어진다.
- 조직의 효율성과 유연성을 제고하며, 신속한 적응능력의 장점이 있다.

ⓛ 네트워크형 조직 : 각 영역의 전문가들이 평등한 구성원으로서 연결되는 수평적 조직이다.

- 권위의 분산과 조직구성원의 권한이 확대된다.
- 자기 관리에 의해 통제된다.
- 유연한 조직운영, 뛰어난 현장적응능력, 지식과 정보를 신속하게 획득하는 장점이 있다.

10 ②

국회의원 제명 의결 … 의원을 제명하려면 국회재적의원 3분의 2 이상의 찬성이 있어야 한다〈헌법 제64조 제3항〉.

11 ③

③ **정당방위** : 자기 또는 타인의 법익에 대한 현재의 부당한 침해를 방위하기 위한 행위는 상당한 이유가 있는 때에는 벌하지 아니한다〈형법 제21조〉.

① **긴급피난** : 자기 또는 타인의 법익에 대한 현재의 위난을 피하기 위한 행위는 상당한 이유가 있는 때에는 벌하지 아니한다〈형법 제22조〉.

② **자구행위** : 법정절차에 의하여 청구권을 보전하기 불능한 경우에 그 청구권의 실행불능 또는 현저한 실행곤란을 피하기 위한 행위는 상당한 이유가 있는 때에는 벌하지 아니한다〈형법 제23조〉.

④ **피해자 승낙** : 처분할 수 있는 자의 승낙에 의하여 그 법익을 훼손한 행위는 법률에 특별한 규정이 없는 한 벌하지 아니한다〈형법 제24조〉.

12 ②

② **과점 시장** : 소수의 기업들이 공급에 참여하여 경쟁하는 시장형태로 과점기업들은 서로 담합하기도 하고, 독자적인 행동을 취하기도 한다.

① **독점 시장** : 한 기업이 한 상품을 도맡아 시장에 공급하는 경우에 발생하며 가격의 차별화가 가능하다.

③ **완전 경쟁 시장** : 다수의 거래자들이 참여하고 동질의 상품이 거래되며, 거래자들이 상품의 가격이나 품질 등에 대한 완전한 정보를 지니고, 거래자들이 시장에 자유로이 들어가거나 나갈 수 있는 시장을 말한다.

④ **생산 요소 시장** : 기업들의 생산요소에 대한 수요는 다른 시장에 상품을 공급하기 위해 파생된 수요로, 기업들은 요소 고용량을 결정할 때에 이윤극대화를 위해 한계적 결정을 내린다. 생산 요소란 재화나 서비스를 생산하는 과정에서 투입되는 자원으로 노동, 토지, 자본을 일컫는다.

13 ④

ⓙ 비파형동검 - 청동기

ⓛ 미송리식 토기 - 청동기

ⓒ 빗살무늬 토기 - 신석기

④ 우리 민족이 최초로 세운 국가는 고조선으로, 고조선은 청동기 문화를 바탕으로 형성되었다.

① 세형동검에 대한 설명이다.

② 애니미즘과 토테미즘이 등장한 것은 신석기이다.

③ 주춧돌이 주거에 이용된 것은 청동기이다.

14 ③

③ 부여는 수렵사회의 전통을 보여주는 제천행사로 12월에 영고를 열었으며, 죄수를 풀어주었다.

15 ④

ⓔ 백제와 신라의 팽창에 밀려 약화 → 4세기 말~5세기 초 고구려 광개토대왕의 공격으로 전기 가야 연맹 쇠퇴 → ㉠ 5세기 고구려 장수왕(479) → ㉡ 6세기 백제 성왕(538) → ㉢ 6세기 신라 진흥왕(568)

16 ②

괄호 안에 들어갈 세력은 문벌귀족이다. 문벌귀족은 신라말기 지방호족과 6두품 출신의 중앙관료로 구성되었으며, 과거와 음서를 통해 정치적 기반, 공음전을 통해 경제적 기반을 마련하였다. 특히 중앙의 중서문하성과 중추원 및 도병마사를 통하여 그들의 기반을 안정적으로 유지하였다. 뿐만 아니라 유력 호족들끼리 또는 왕실과의 중첩된 혼인을 통하여 그 지위를 더욱 공고히 하였다.
② 불법적으로 노비를 소유하고 대농장이라는 막대한 토지를 소유하고 있었던 세력은 권문세족이다.

17 ④

제시된 내용은 귀족의 경제생활에 대한 설명으로 귀족은 식읍과 녹읍을 통하여 그 지역의 농민들을 지배하여 조세와 공물을 거두었고 노동력을 동원하였다.
④ 정전은 성덕왕 때 왕토사상에 의거하여 국가에서 토지가 없는 백성에게 지급한 토지이다.

18 ④

녹읍은 토지뿐만 아니라 그 토지에 속한 농민까지 지배할 수 있었다. 녹읍을 폐지하고 관료전을 지급한 것은 귀족들의 농민에 대한 지배권을 제한시켰고 국가의 토지지배권이 강화된 것이다. 정전을 지급하고 민정문서를 작성한 것은 농민을 국가재정의 기반으로 인식하여 이를 확보하기 위한 것이라고 할 수 있다.

19 ①

제시된 내용은 통일신라시대의 민정문서로 촌주가 3년마다 작성했고, 장례는 불교전통에 따랐으며, 골품제도로 능력보다 신분이 중시되었다.

20 ③

③ 말갈족을 복속시키고, 요동지역으로 진출한 것은 9세기 선왕 대의 일이다.

21 ④

④ 고려후기의 역사서인 이제현의 사략은 대의명분과 정통을 중시하는 성리학적 유교사관을 중심으로 서술되었다.

22 ③

㉠㉢ 향·소·부곡 폐지, 노비변정사업으로 양인이 증가하였다.
㉡ 도첩제 실시는 승려의 출가를 제한한 것이다.
㉢ 호패제도는 일종의 신분증으로 이러한 제도의 실시 목적은 양인 확보를 통한 국가재정 확보이다.

23 ④

① 3·1운동 때까지는 사회주의가 아직 도입되지 않았다.
② 종교계 대표가 주도한 것은 3·1운동이다.
③ 2·8독립선언은 도쿄 유학생들의 독립선언이다.

24 ④

제시된 조약은 일본과 미국 간에 체결된 가쓰라·태프트 밀약(1904)이다. 일본의 한반도 지배를, 미국의 필리핀 지배를 상호 인정한 내용이다.
① 을미의병(1895)
② 한반도 중립화론(1884~1885)
③ 한·일 의정서(1904)
④ 을사조약(1905)

25 ①

1894년의 동학농민운동이 실패한 이후 내부 분열이 발생하여 이용구가 일진회를 조직하는 등의 일을 겪게 된다. 이에 손병희는 동학을 천도교로 개칭하고 이후 항일독립운동에 적극적으로 나섰으며, 한말에는 '만세보'라는 일간지를 발행하기도 하였다.

제2회 정답 및 해설

[직종별] 국어

1 ②

① 스넥 → 스낵

③ 캣츠 → 캣

④ 쇼파 → 소파

2 ①

① 오사리잡놈 / 오색잡놈

3 ④

① 옳은 지 → 옳은지, 막연한 추측이나 짐작을 나타내는 어미이므로 붙여서 쓴다.

② 사흘만에 → 사흘 만에, '시간의 경과'를 의미하는 의존명사이므로 띄어서 사용한다.

③ 살만도 → 살 만도, 붙여 쓰는 것을 허용하기도 하나(살만하다) 중간에 조사가 사용된 경우 반드시 띄어 써야 한다(살 만도 하다).

4 ③

① 안고[안 : 꼬]

② 웃기기도[욷 : 끼기도]

④ 무릎과[무릅꽈]

5 ②

① 법썩 → 법석

③ 오뚜기 → 오뚝이

④ 더우기 → 더욱이

6 ①

② 김씨 → 김 씨, 호칭어인 '씨'는 띄어 써야 옳다.

③ 큰 일 → 큰일, 틀림 없다 → 틀림없다, '큰일'은 '중대한 일'을 나타내는 합성어이므로 붙여 써야 하며 '틀림없다'는 형용사이므로 붙여 써야 한다.

④ 몇 일 → 며칠, '몇 일'은 없는 표현이다. 따라서 '며칠'로 적어야 옳다.

7 ③

어간의 끝음절 '하'가 아주 줄 적에는 준 대로 적는다〈한글맞춤법 제40항 붙임2〉.

① 윗층 → 위층

② 뒷편 → 뒤편

④ 생각컨대 → 생각건대

8 ④

① 초콜렛 → 초콜릿

② 컨셉 → 콘셉트

③ 악세사리 → 액세서리

9 ④

밑줄 친 부분은 '사람이 죄나 누명 따위를 가지거나 입게 되다.'라는 의미로 사용되었다.

① 산이나 양산 따위를 머리 위에 펴 들다.

② 먼지나 가루 따위를 몸이나 물체 따위에 덮은 상태가 되다.

③ 얼굴에 어떤 물건을 걸거나 덮어쓰다.

10 ③

③ '집(체언)'의 'ㅂ' 뒤에 'ㅎ'이 따르고 있어 'h'를 밝혀 적고 있다.

11 ④

④ 덜퍽지다 : 푸지고 탐스럽다.

12 ②

② 차다 : 몸에 닿은 물체나 대기의 온도가 낮다.

①③④ 차다 : 일정한 공간에 사람, 사물, 냄새 따위가 더 들어갈 수 없이 가득하게 되다.

13 ③

① 외래어의 1 음운은 원칙적으로 1 기호로 적는다. (외래어 표기법 제2항)

② 파열음 표기에는 된소리를 쓰지 않는 것을 원칙으로 한다. (동법 제4항)

④ 외래어는 국어의 현용 24 자모만으로 적는다. (동법 제1항)

14 ②

㉠ 먼발치기 → 먼발치

㉢ 다시마자반 → 부각

㉦ 부지팽이 → 부지깽이

15 ②

• 연기(煙氣) : 무엇이 불에 탈 때에 생겨나는 흐릿한 기체나 기운.

• 연기(演技) : 배우가 배역의 인물, 성격, 행동 따위를 표현해 내는 일.

• 연기(延期) : 정해진 기한을 뒤로 물려서 늘림.

16 ①

'나'는 자신이 난초에 너무 집념했다는 것을 깨닫고 벗어나야겠다는 결심을 한다. 난을 가꿔야 하기 때문에 나그넷길도 떠나지 못하고 방을 비우거나 길을 나설 때에도 항상 난을 신경쓰느라 편하지 못했다는 이야기를 한다. 이를 통해 무언가에 집착을 하는 것이 곧 괴로움이라는 것을 깨달은 것이다.

17 ①

주어진 글은 주인공인 '나'가 서술자인 1인칭 주인공 시점이다.

18 ④

충렬은 승상의 배려에 감사하다고 말하지만 결혼보다 부모의 생사를 더욱 걱정하고 있으므로 ④가 적절하다.

19 ②

제시된 글은 수필로 글쓴이의 일상생활에서의 느낌이나 체험을 생각나는 대로 자유롭게 쓴 글이다.

20 ③

산물은 어떤 것에 의하여 생겨나는 사물이나 현상을 비유적으로 이르는 말로 개미들의 행동은 결국 번식을 위한 이기적인 행동의 산물이라고 할 수 있다.

21 ②

(나)에서 화제를 제시하고 (가)에서 예를 들어 설명한다. (라)는 (가) 같은 충동을 느끼는 짐작이다. (마), (다)에서는 '그러나'를 통해 내용을 전환하여 충동을 풀 기회가 없다는 것을 아쉬워하고 있다.

22 ②

장지를 사고 언문 궁체로 책을 베끼고 들기름 칠을 하는 등의 상황을 과정에 따라 설명하고 있다.

23 ①

밑줄 친 문장은 관용구가 사용된 문장이다. ①에서 손을 씻는 것은 '부정적인 일이나 찜찜한 일에 대하여 관계를 청산하다'는 관용적 표현이 아닌 실제로 손을 씻는 것을 말하는 표현이다.

24 ③

③ 한옥은 터전을 훼손하지 않는다고 했으므로 ③은 내용과 일치하지 않는다.

25 ③

㉠의 앞과 뒤의 문장이 상반되는 내용이므로 서로 일치하지 아니하거나 상반되는 사실을 나타내는 두 문장을 이어 줄 때 쓰는 접속 부사인 '하지만'이 오는 것이 적절하다.

[직종별] 학교업무 이해하기

1 ①

세종교육의 비전 및 지표
㉠ 비전 : 새로운 학교 행복한 아이들
㉡ 지표 : 생각하는 사람 참여하는 시민

2 ④

①② 미래교육, ③ 책임교육

3 ②

① 세종시교육청의 직속기관으로는 세종교육원, 평생교육학습관, 교육시설지원사업소, 학교폭력대책센터가 있다.
③ 19년 12월 기준 공무원 현황에서 가장 많은 인원을 차지하는 것은 교육공무원이다.
④ 부교육감의 정원은 1명이다.

4 ④

부교육감의 구성 … 교육감 소속하에 국가공무원으로 보하는 부교육감 1인(<u>인구 800만 명 이상이고 학생 170만 명 이상인 시·도는 2인</u>)을 두되, 대통령령이 정하는 바에 따라 「국가공무원법」 제2조의2의 규정에 따른 고위공무원단에 속하는 일반직공무원 또는 장학관으로 보한다.

5 ②

교육감의 임기는 4년으로 하며, 교육감의 계속 재임은 3기에 한한다.

6 ①

성문법은 제정권자에 따라 '헌법 > 법률 > 대통령령 > 총리령 ≧ 부령 > 조례 > 규칙, 교육규칙'과 같이 상하의 위계가 있다.

7 ③

① 훈령 : 장기간에 걸쳐 권한의 행사를 일반적으로 지시하는 명령
② 예규 : 반복적 행정사무의 처리기준을 제시하는 명령
④ 고시 : 법령에 의거 일정 사항을 일반에게 공고하는 문서

8 ③

③ 출결사항 : 학생의 학년별 출결상황 등을 기재한다. 이 경우 출결상황이 「학교폭력 예방 및 대책에 관한 법률」 제17조 제1항 제4호부터 제6호까지의 조치사항에 따른 것인 경우에는 그 내용을 적어야 한다.

9 ④

④ 원적교란 재취학·재입학(복학 포함)·전입학·편입학 등 학생의 학적이 변동되기 이전에 재학하였던 학교를 말한다.

10 ③

귀국학생 등이 재취학·편입학 시, 해당학교에 제출하는 서류와 학년 배정은 다음과 같다.
㉠ 아포스티유 확인을 받은 재학증명서(입·퇴학연월일 및 재학 학년 명시, 학교장 서명 또는 날인), 아포스티유 협약국이 아닌 경우에는 영사관(대사관)의 공증 필요
㉡ 성적증명서
㉢ 국내 이전학교 학교생활기록부(해당자)
㉣ 출입국사실증명서

ⓜ 주민등록등본(귀국일자 이후 발행된 것)
ⓗ 「감염병의 예방 및 관리에 관한 법률」제27조에 따른 예방접종증명서
ⓢ 기타 시·도교육청의 지침에 따른 서류(반드시 관할교육청의 서류 확인 필요)

11 ④
'학적사항 특기사항' 란에는 <u>학교폭력대책심의위원회</u>에서 결정한 「학교폭력예방 및 대책에 관한 법률」제17조(가해학생에 대한 조치사항) 제1항 제4호(사회봉사), 제5호(특별교육이수 또는 심리치료), 제6호(출석정지)에 따른 조치사항을 <u>조치 결정일자</u>와 함께 결정 <u>즉시</u> 입력한다.

12 ④
④ 영양사의 업무에 해당한다.
※ 교무행정사의 주요업무
　ⓐ 기안 및 에듀파인 업무, 홈페이지 유지 및 각종 통계 관리
　ⓑ 교직원 연수, 방과후 및 돌봄, 알리미 서비스 지원
　ⓒ 전·입학 학생(입·퇴원아) 관련 처리, 학습준비물기자재 및 간행물 관리
　ⓓ 그 밖의 교무 행정에 관련한 제반 업무

13 ④
근로계약서에 명시해야 하는 근로조건 ··· 임금의 구성항목, 계산방법, 지급방법(기본급, 기타수당 등 표시, 연봉제 및 임금의 지급시기 등을 명시), 소정근로시간, 연차휴가, 휴일

14 ③
① 인사관리 : 조직 내의 인적자원을 최대한 개발 활용함으로써, 행정의 능률과 질적 향상을 도모하고 조직의 목표를 효율적으로 달성코자 이를 계획·조직·지휘·조정·통제하는 운영수단

② 근무성적평정 : 조직구성원의 근무실적이나 직무수행 능력, 직무수행태도 등을 체계적, 객관적, 정기적으로 평가하여 공정한 인사관리의 기초자료를 제공하는 인사행정활동
④ 징계 : 부정이나 부당한 행위에 대하여 사용자로서의 지위에서 제재를 가하는 일

15 ④
근무성적 평가 생략 가능한 경우
　ⓐ 근무성적 평가 대상 기간 중 실제 근무한 기간이 3개월 미만인 근로자
　ⓑ 1년 미만의 기간제 근로자
　ⓒ 대체인력 및 1주 동안의 소정근로시간이 15시간 미만의 단시간 근로자

16 ②
ⓐⓑⓒ이 해당한다.
ⓓ 금고 이상의 유죄 판결이 확정된 경우
ⓔ 무단으로 결근·지각·조퇴·근무장소 이탈 등 근무태도가 불량한 경우

17 ④
④ 교육공무직원이 신체 또는 정신적 장애가 발생하여 정상적으로 업무를 수행할 수 없다고 인정되는 경우에만 해고 사유에 해당한다.

18 ③
• 근무시간 외 근로에 대한 임금 : 5시간 30분(연장근로 도중 30분 휴게시간 제외)의 임금 = 5.5 × 10,000 = 55,000원
• 연장근로에 대한 가산임금 : 5시간 30분(연장근로 도중 30분 휴게시간 제외)의 임금의 50% = 55,000 × 0.5 = 27,500원
• 야간근로(오후 10시부터 오전 6시까지 사이의 근로)에 대한 가산임금 : 22시부터 24시까지 2시간의 임금의 50% = 20,000 × 0.5 = 10,000원
따라서 甲에게 지급해야 하는 시간외 근로수당은 총 55,000 + 27,500 + 10,000 = 92,500원이다.

19 ①

1주일간 '소정근로일'을 개근한 자에 대하여 주 1일의 유급휴일인 주휴일을 부여한다. 반드시 일요일일 필요는 없으나 기관의 경우 관공서의 공휴일인 일요일로 정하는 것이 일반적이다.

20 ④

근로자가 업무상 질병 또는 부상을 제외한 일신상 사유에 의한 질병 또는 부상으로 인하여 직무를 수행할 수 없을 때 병가 부여한다. 일반병가는 연간 60일을 초과할 수 없으며, 연간 60일 유급으로 허용한다.

21 ③

가족돌봄 휴직기간은 1년이다.

22 ②

'K-에듀파인'의 주요 단위업무는 예산관리, 재무회계, 자금관리, 통합자산관리, 학교회계, 예산/기금결산, 업무관리 등이다.
② 급식은 '나이스'의 주요 단위업무이다.

23 ③

기록물 관리의 필요성
㉠ **업무효율 향상** : 업무처리의 기본 수단이며, 후임자에게는 업무파악의 중요한 정보자료로 이를 통해 업무의 효율성이 향상될 수 있다.
㉡ **증거자료 활용** : 학교의 조직 및 기능, 정책, 운영절차 등과 관련한 활동의 증거자료로 활용할 수 있다.
㉢ **업무경비 절감** : 업무가 투명해지고 청렴해지며 이를 통해 각종 업무에 소요되는 경비를 절감할 수 있다.
㉣ **권익 보호** : 법적권리, 재산권 등 권리의무를 명확히 하여 교육가족의 권익을 보호할 수 있다.
㉤ **학술문화 전통** : 각종 기록물을 지식 정보로 활용하고 학술 연구의 자료로 이용할 수 있다.
㉥ **역사전통 계승** : 체계적인 기록물관리를 통하여 문화유산을 역사적으로 계승하고 후대에 전승함으로써 후손들이 과거의 경험을 배울 수 있도록 할 수 있다.

24 ②

① **예산총계주의 원칙** : 예산을 운영하는 학교의 모든 수입과 지출은 학교회계 세입·세출예산에 계상하여야 한다.
③ **수입의 직접 사용 금지의 원칙** : 학교장은 학교회계의 모든 수입을 지정된 수납기관에 납부하여야 하며, 예산에 편성하지 아니하고 직접 사용하여서는 안 된다.
④ **예산의 목적 외 사용금지 원칙** : 세출예산을 집행할 때에는 학교운영위원회의 심의 결과를 존중하고 예산편성의 목적을 달성하기 위하여 예산에 정해진 목적 외에 사용할 수 없다.

25 ④

직장, 고용주, 근무처, 근로경력, 직무평가기록 등은 근로정보로 사회적 정보에 속한다. 사회적 정보에는 교육정보, 법적 정보, 근로정보, 병역정보 등이 있다.

[공통] 일반상식(사회, 한국사)

1 ③

① 내각이 국민의 대표 기관인 의회에 그 존립과 존속을 의존하게 되므로 민주적 요청에 가장 적합하다.
② 의회와 내각이 대립하는 경우 불신임 결의와 의회해산으로 정치적 대립을 신속하게 해결할 수 있다.
④ 의회가 정권획득을 위한 투쟁의 장소가 될 수 있다는 점이 의원내각제의 단점이다.

2 ①

문화의 전파 … 한 사회의 문화요소들이 다른 사회로 직·간접적으로 전해져서 그 사회의 문화과정에 통합, 정착되는 현상을 의미한다.

3 ④

④ 가격경쟁이나 비가격경쟁이 심하게 나타나는 것은 독점적 경쟁시장의 특징이다.

4 ④

게리맨더링(gerrymandering) … 선거구를 특정 정당이나 후보자에게 유리하게 인위적으로 획정하는 것으로, 게리맨더링을 방지하여 선거의 평등성을 확보할 수 있다.

① 정치권에서 대선 또는 총선 출마주자로 나섰다가 중도에 다른 후보를 지지하며 사퇴하는 역할을 하는 사람을 일컫는 용어
② 의회의 표결에 있어 가부동수인 경우 의장이 던지는 결정권 투표나, 2대 정당의 세력이 거의 같을 때 그 승패를 결정하는 제3당의 투표
③ 선거를 도와주고 그 대가를 받거나 이권을 얻는 행위

5 ②

보완재와 대체재

㉠ 보완재 : 동일 효용을 증대시키기 위해 함께 사용하는 두 재화로, 협동재라고도 한다.
㉡ 대체재 : 재화 중 같은 효용을 얻을 수 있는 재화로, 경쟁재라고도 한다.

6 ①

① 우리나라는 수출 선도산업을 집중 육성하여 전 산업으로 영향력 증대를 유도하는 정책을 실시하였는데 이는 자원빈약과 협소한 국내시장 때문이다.

7 ④

④ 도시화의 후기단계에서는 도시적 생활양식이 농촌으로 파급되어 농민의 생활양식도 도시적으로 바뀌게 되는 현상이 나타난다.

8 ④

계획경제 … 사회주의 경제체제 하에서 정부가 민간기업의 역할까지 수행하는 경제체제이다.

9 ③

③ 사권에는 물권, 채권, 특허권, 무체재산권 등의 재산권과 인격권, 신분권 등의 비재산권이 있다.

10 ③

사회·문화현상을 탐구할 때에는 객관적, 개방적, 상대주의적인 태도가 요구되며, 부분적인 가치를 지닌 특정한 이론을 무비판적으로 받아들이거나 다른 사람의 주장을 무조건 배격하는 자세는 피해야 한다.

11 ④

상속 순위는 직계비속 → 직계존속 → 형제자매 → 4촌 이내 방계혈족이다. 이때 직계비속과 직계존속이 상속인인 경우 사망자의 배우자는 공동상속인이 되며 5할을 가산하여 상속받는다.

㉠ A씨 사망 → 상속인은 아들, 딸, 아내이고 각각 상속분은 아들(1), 딸(1), 아내(1.5)
 • 아내의 상속액 : 2억 1,000만 원 × (1.5 / 3.5) = 9,000만 원
 • 아들 및 딸 : 2억 1,000만 원 × (1 / 3.5) = 6,000만 원
㉡ 아들 사망 → 직계비속이 없기 때문에 직계존속인 엄마(A씨의 아내)가 상속인
∴ A씨 아내의 상속액 총액은 9,000만 원 + 6,000만 원 = 1억 5,000만 원

12 ②

② 행정상 손해배상에서 공무원의 고의 또는 과실로 인한 행위로 국민이 손해를 입은 경우 국가가 배상책임을 지지만, 해당 공무원의 책임이 면제되는 것은 아니기 때문에 해당 공무원에게도 책임을 물을 수 있다.

13 ①

① 삼한은 철기시대의 국가로 정치적으로는 군장이, 종교적으로는 천군이 수장 역할을 하는 제정분리 사회였다.

14 ①

① 제시문은 신라의 지증왕 때의 일로, 우산국 복속은 지증왕 13년인 512년에 이루어졌다.
② 마립간이라는 칭호는 내물왕 때부터 사용되었다.
③ 법흥왕 때의 일이다.
④ 진흥왕 때의 일이다.

15 ②

② 일본과의 교류는 발해 5경 중의 하나인 동경 용원부를 통해 이루어졌다.

16 ②

제시문은 조선 후기 시행된 대동법에 대한 내용이다. 대동법은 공납제도를 폐지하고 대체한 것으로 1결당 12두의 전세를 부과하였다. 대동법은 조선 후기 상품화폐 경제의 발전에 영향을 주었다.
② 공납에 대한 내용이다.

17 ④

성장 위주의 경제정책 역시 '부익부 빈익빈'현상을 초래했다.
④ 조선후기의 개간 장려는 지주의 토지집적을 초래하여 빈부의 차를 크게 하였다.
① 진대법은 빈민구제책이다.
② 이자제한법은 민생안정책이다.
③ 상공업의 통제책은 빈부의 차를 제한하려는 목적으로 실시하였다.

18 ④

④ 현까지는 중앙에서 지방관을 파견하는 것이 원칙이었지만 지방관이 파견되지 않은 속현이 더 많이 존재했고 속현은 지방관이 파견된 주현에서 관할하였다.
① 현종 9년에 거란의 재침에 대비하기 위하여 경기를 제외한 서해·교주·양광·경상·전라도에 5도를 두고 안찰사를 파견하였다.
② 향·부곡은 신라 때 발생한 지역으로 농경에 종사하였고, 소는 고려 때 발생하였는데 특정 공납품을 제조하는 공장들의 집단거주지였다. 이들 지역은 특별 행정구역이었고 일반 군·현에 비해서 천대를 받았다.
③ 양계는 군사적 목적으로 편성한 행정구역으로, 북계와 동계로 나누었고 병마사를 파견하였다.

19 ②

제시된 내용들은 동학농민운동에 의한 폐정개혁안 중 일부이다. 동학농민운동은 반봉건적·반외세적 구국운동이었다.

20 ①

㉠ 16세기 농민에게 공납은 가장 무거운 부담이었다. 농민들은 각종 특산물을 공납으로 정부에 바쳤으나 정부는 방납업자에게 공납을 받고 방납업자는 원래 책정된 공납의 3~4배를 농민으로부터 받아 농민의 고통을 가중시켰다.
㉡ 공납의 폐단을 개혁하기 위해 이이, 유성룡 등이 공납을 쌀로 내게 하는 대공수미법을 주장하였다.
㉢ 구휼을 목적으로 실시된 환곡은 담당부서가 의창에서 상평창으로 바뀌면서 일종의 고리대로 변질되었다.
㉣ 군역의 요역화로 농민들이 군사·요역을 동시에 부담하였고, 요역의 담당자를 따로 확보하기가 어려웠다.
㉤ 군역은 보법(세조) → 대립제(성종) → 방군수포제(중종) → 균역법(영조) → 호포제(대원군)의 순으로 변천하였다.

21 ③

제시된 내용은 고구려의 진대법에 관한 설명이다. 진대법은 빈민구휼제도로 춘궁기 때 가난한 농민들에게 곡식을 대여해 주었다가 추수기 때 원금과 일정량의 이자를 받는 제도로 고려의 의창과 상평창, 조선의 환곡이 유사한 성격을 지닌다.
①② 관학진흥책이다.
④ 농촌의 공동협력조직이다.

22 ②

② 김정희에 대한 설명이다. 유득공은 〈발해고〉를 지어 만주지역의 발해를 우리 역사로 편입하였다.

23 ③

③ 토지 소유의 상한선을 3정보로 규정하였다.

24 ③

제시문은 조선형평사운동이다.
① 천도교 소년회의 방정환과 조철호에 대한 설명이다.
② 화요회에 대한 설명이다.
④ 신간회의 강령이다.

25 ②

제시문은 1991년 발표된 남북기본합의서이다.
① 6·15남북공동선언(2000)
③ 7·4남북공동성명(1972)
④ 남북정상회담(2000.6)

제3회 정답 및 해설

[직종별] 국어

1 ④

① 휴계실 → 휴게실
② 웬지 → 왠지
③ 세워 → 새워

2 ③

③ 상보반의어
①②④ 방향 반의어

3 ①

② 김씨 → 김 씨, 호칭어인 '씨'는 띄어 써야 옳다.
③ 큰 일 → 큰일, 틀림 없다 → 틀림없다, '큰일'은 '중대한 일'을 나타내는 합성어이므로 붙여 써야 하며 '틀림없다'는 형용사이므로 붙여 써야 한다.
④ 몇 일 → 며칠, '몇 일'은 없는 표현이다. 따라서 '며칠'로 적어야 옳다.

4 ②

② 우렛소리/천둥소리가 복수 표준어이다.

5 ①

② 철수 뿐이다 → 철수뿐이다
③ 떠난지 → 떠난 지
④ 애 쓴만큼 → 애쓴 만큼

6 ③

어간의 끝음절 '하'가 아주 줄 적에는 준 대로 적는다 〈한글맞춤법 제40항 붙임2〉.
① 윗층 → 위층

② 뒷편 → 뒤편
④ 생각컨대 → 생각건대

7 ④

① 글래스 → 글라스, 초콜렛 → 초콜릿
② 스프 → 수프
③ 화이팅 → 파이팅

8 ①

① 만만잖다 → 만만찮다 : '만만찮다'는 '만만하지 않다'가 줄어든 것이다. 한글 맞춤법 제4장 제5절 제39항에 따르면, 어미 '-지' 뒤에 '않-'이 어울려 '-잖-'이 될 적과 '-하지' 뒤에 '않-'이 어울려 '-찮-'이 될 적에는 준 대로 적는다.

9 ②

② 부딪치다 : '부딪다(무엇과 무엇이 힘 있게 마주 닿거나 마주 대다. 또는 닿거나 대게 하다.)'를 강조하여 이르는 말
① 부시다 → 부수다(단단한 물체를 여러 조각이 나게 두드려 깨뜨리다.)
③ 얇다 → 가늘다(물체의 굵기가 보통에 미치지 못하고 잘다.)
④ 겉잡다 → 걷잡다(마음을 진정하거나 억제하다.)

10 ②

② 손가락이나 발가락이 얼어서 감각이 없고 놀리기가 어렵다.
①③④ 모양, 생김새, 행동거지 따위가 산뜻하고 아름답다.

11 ④

④ **말리다** : 다른 사람이 하고자 하는 어떤 행동을 못 하게 방해하다.

①②③ **마르다** : 물기가 다 날아가서 없어지다.

26 ②

① 모두 통사적 합성어

③ 눈사람, 열쇠 → 통사적 합성어

④ 새빨갛다 → 파생어

27 ③

③ 황소바람 : 좁은 틈으로 세게 불어 드는 바람.

28 ④

④ 낮게 읊조리는[읍쪼리는] 그의 목소리가 마치 저승사자 같았다.

29 ②

① 압구정 – Apgujeong

③ 속리산 – Songnisan

④ 경복궁 – Gyeongbokgung

30 ②

잎이 길고 가늘며 잎 뒷면이 흰색인 것은 굴참나무이다.

31 ①

위 글은 유명한 과학 잡지의 조사 결과를 통해 사람이 빛 공해의 피해를 입고 있다는 주장을 뒷받침하고 있다.

32 ③

위 글에서 ㉠과 ㉡은 모두 요즘 사람을 뜻하는 말로 유의 관계라고 할 수 있다.

33 ④

달걀은 둥지에서 구르더라도 그 둥지를 멀리 벗어나지 않도록 만들어진 것으로 포유류의 수정란이 자궁 벽에 접착하여 모체의 영양을 흡수할 수 있는 상태가 됨을 뜻하는 '착상'이 오기에 어색하다.

34 ②

글의 마지막 문장에서 신문 읽기를 넘어 신문 편집을 보아야 한다고 했으므로 신문 기사가 객관적일 것이라는 고정관념에서 벗어나 비판적으로 바라보고 주체적으로 수용해야 한다는 ②의 내용이 주제로 가장 적절하다.

35 ③

③ 위 글에서 초식동물에 대한 언급은 나타나지 않고 있다.

36 ④

위 글은 휴대 전화가 인간관계의 단절을 양상하고 있다는 화자의 의견을 내세우는 글이다.

37 ④

다이아몬드가 생각하는 불평등에 대한 내용이다. 각 문장 앞에 온 접속어에 주의하여 논리적 흐름에 맞게 글을 배열하면 (라) – (가) – (나) – (다)의 순서가 된다.

38 ②

위 글에서 독서는 모름지기 자신을 열고, 자신을 확장하고, 자신을 뛰어 넘는 비약이어야 한다고 말하고 있으므로 ②가 가장 적절하다.

39 ①

㉠의 앞 내용을 보면 책은 벗이며 책 그 자체로 배움을 주는 즐거운 것이라고 말하고 있다. 하지만 ㉠의 뒤의 내용은 이와 상반되는 내용으로 ㉠은 앞의 내용과 뒤의 내용이 상반될 때 쓰는 접속 부사인 '그러나'가 오는 것이 적절하다.

[직종별] 학교업무 이해하기

1 ②

세종교육 정책 기본 방향은 미래교육, 혁신교육, 책임교육이다.

2 ③

①② 미래교육, ④ 혁신교육

3 ④

교육감의 관장사무

㉠ 조례안의 작성 및 제출에 관한 사항

㉡ 예산안의 편성 및 제출에 관한 사항

㉢ 결산서의 작성 및 제출에 관한 사항

㉣ 교육규칙의 제정에 관한 사항

㉤ 학교, 그 밖의 교육기관의 설치·이전 및 폐지에 관한 사항

㉥ 교육과정의 운영에 관한 사항

㉦ 과학·기술교육의 진흥에 관한 사항

㉧ 평생교육, 그 밖의 교육·학예진흥에 관한 사항

㉨ 학교체육·보건 및 학교환경정화에 관한 사항

㉩ 학생통학구역에 관한 사항

㉪ 교육·학예의 시설·설비 및 교구(敎具)에 관한 사항

㉫ 재산의 취득·처분에 관한 사항

㉬ 특별부과금·사용료·수수료·분담금 및 가입금에 관한 사항

㉭ 기채(起債)·차입금 또는 예산 외의 의무부담에 관한 사항

ⓐ 기금의 설치·운용에 관한 사항

ⓑ 소속 국가공무원 및 지방공무원의 인사관리에 관한 사항

ⓒ 그 밖에 당해 시·도의 교육·학예에 관한 사항과 위임된 사항

4 ①

부교육감은 당해 시·도의 교육감이 추천한 자를 교육부장관의 제청으로 국무총리를 거쳐 대통령이 임명한다.

5 ①

② 보좌기관으로 교육감 밑에 소통담당관을 둔다.

③ 보좌기관으로 부교육감 밑에 감사관을 둔다.

④ 보조기관으로 기획조정국, 교육정책국, 교육행정국을 둔다.

6 ②

② 교육법은 고정불변의 것이 아니며 사회의 요구에 따라 변해 가게 된다.

7 ②

① **재입학** : 고등학교에서 학업을 중단한 자가 중단 이전의 학교에 재학 당시 학년 이하의 학년으로 다시 입학하는 것을 말한다(의무교육에 해당하는 학교 및 특수교육대상학생은 불가).

③ **편입학** : 의무교육 대상이 아닌 자로서 학업을 중단한 자가 중단 이전의 학교에 재학 당시 학년의 차상급 학년으로 다시 입학하거나, 다른 학교로 다시 입학하는 것을 말한다(의무교육 대상이 아닌 자가 학업중단 이전과 동일 또는 하위의 초·중학교 학년으로 다시 입학하는 경우에도 편입학으로 처리).

④ **전입학** : 다른 학교 재학생이 우리 학교 재학생이 됨을 말한다.

8 ②

② 검정고시 합격자는 합격연월일과 '졸업학력 검정고시 합격'이라고 입력한다.

9 ④

④ [학적] - [전출관리] - [전출] - [통폐합학교 전출학생 관리]

① [학적] - [전입관리] - [전입학/편입학/재취학] - [등록/자료요청]

② [학적] - [전입관리] - [전입학/편입학/재취학] - [이전출결자료]

③ [학적] - [전입관리] - [전입학/편입학/재취학] - [진급누락처리]

10 ④

학교의 학년도는 「초·중등교육법」 제24조(수업 등)에 따라 3월 1일부터 시작하여 다음 해 2월 말일까지로 하며, 매 학년이 종료된 이후에는 당해 학년도 이전의 학교생활기록부 입력 자료에 대한 정정은 원칙적으로 금지한다.

11 ③

2015 개정교육과정 주요 개정 방향
㉠ 인문·사회·과학기술에 관한 기초 소양 교육을 강화
㉡ 학생들의 "꿈과 끼"를 키울 수 있는 교육과정을 마련
㉢ 미래 사회가 요구하는 핵심역량의 함양이 가능한 교육과정을 마련

12 ②

①③④는 조리사 및 조리실무사의 주요업무에 해당한다.
※ **영양사의 주요업무**
㉠ 학생 건강증진을 위한 영양·식생활 교육 및 상담
㉡ 식단 작성, 식재료의 선정 및 검수
㉢ 위생·안전·작업관리 및 검식
㉣ 조리실 종사자의 지도·감독
㉤ 그 밖의 학생 건강증진을 위한 영양·식생활 교육 및 상담 등 학교급식에 관한 사항

13 ③

근로계약서 구성 ⋯ 근로계약기간, 근로장소 및 담당업무, 근로시간 및 휴게시간, 임금, 주휴일 등, 연차유급휴가, 평가 및 조치 등, 퇴직에 관한 사항, 기타 등으로 구성

14 ③

인사관리의 주요기능
㉠ 인적자원의 확보
㉡ 인적자원 개발
㉢ 인적자원의 유지 활용
㉣ 인적자원에 대한 평가
㉤ 인적자원에 대한 보상

15 ④

④ 감봉은 1개월 이상 3개워 이하의 기간 동안 급여를 감액한다.

16 ③

교육공무직원의 정년은 만 60세이다.

17 ④

'근로시간(근무시간)'이란 교육공무직원이 사용자의 지휘·감독하에서 근무를 제공하는 시간을 의미하며, 휴게시간은 근무시간에 포함되지 않는다.

18 ③

• 근로에 대한 임금 : 10시간 분의 임금 = 100,000원
• 휴일근로에 대한 가산임금 : 10시간 분의 임금 50% = 50,000원
• 연장근로에 대한 가산임금 : 2시간 분의 임금 50% = 10,000원
따라서 甲에게 지급해야 하는 임금은
100,000 + 50,000 + 10,000 = 160,000원이다.

19 ③

근로자의 날은 매년 5월 1일이다. 근로자의 날은 법률로서 5월 1일을 특정하여 유급휴일로 정하고 있으므로 다른 날로 휴일을 대체할 수 없다. 다만, 근로자의 날의 근로에 대하여 임금을 지급하는 것에 갈음하여 근로자 대표와 서면 합의로 보상휴가를 부여하는 것이 가능하다.

20 ③

③ 배우자 출산 : 10일

21 ③

임금 적용 대상
㉠ 월급제 교육공무직원
㉡ 호봉제 교육공무직원 : 호봉제 사무행정실무원(1개 직종)

22 ①

제시된 내용은 교육정보시스템에 대한 설명이다.

23 ②

문서의 기능

ⓐ 의사의 기록·구체화 : 문서는 사람의 의사를 구체적으로 표현하는 기능을 갖는다. 이는 문서의 기안부터 결재까지 문서가 성립하는 과정에서 나타나는 것이다.

ⓑ 의사의 전달 : 문서는 자기의 의사를 타인에게 전달하는 기능을 갖는다. 이는 의사를 공간적으로 확산하는 기능으로서 문서의 발송·도달 등 유통과정에서 나타난다.

ⓒ 의사의 보존 : 문서는 의사를 오랫동안 보존하는 기능을 갖는다. 이는 의사표시를 시간적으로 확산시키는 역할을 한다.

ⓓ 자료 제공 : 보관·보존된 문서는 필요한 경우 언제든 참고자료 내지 증거자료로 제공되어 행정활동을 지원·촉진시킨다.

ⓔ 업무의 연결·조정 : 문서의 기안·결재 및 협조 과정 등을 통해 조직 내외의 업무처리 및 정보 순환이 이루어져 업무의 연결·조정 기능을 수행하게 된다.

24 ③

예산의 종류

구분	내용
본예산	「본래의 예산」이라는 의미로 한 회계연도에 있어서 단위학교의 교육 과정과 학교운영에 소요되는 수요를 파악하여 편성하고 학교운영위원회의 심의를 거쳐 확정된 매 회계연도 최초의 예산
추가경정 예산	예산의 성립 후에 생긴 사유로 이미 성립된 예산에 추가나 변경을 가한 예산
성립전 예산	국가·또는 지방자치단체 등으로 부터 그 용도가 지정되고 소요 전액이 교부된 경비 또는 학교운영위원회의 심의를 거친 수익자 부담 경비는 예산의 성립 이전에 이를 사용 할 수 있으며, 이는 동일 회계연도 내의 차기 추가경정 예산에 계상함

25 ①

① 상담 중 목소리가 높아지는 등 민원인과의 마찰 또는 갈등이 발생할 우려가 있을 경우, 재빨리 부서장 또는 상급자가 적극적으로 개입하여 민원인을 진정시키고, 마찰이 커지지 않도록 노력한다.

[공통] 일반상식(사회, 한국사)

1 ③

③ 사회적 소수자는 단순히 수가 적다고 하여 구분하는 것이 아니며 신체적·문화적 특징 때문에 다른 구성원들로부터 불평등한 처우를 받으며 집단적 차별의 대상이 되는 사람을 의미한다.

2 ④

ⓐ 성남시와 김해시는 기초지방자치단체이나 분당구는 자치구가 아니다(읍·면·동급).

ⓑ 주민소환의 대상은 지방자치단체의 장과 지역에서 선출된 지역대표의원만 해당되며, 비례대표 지방의회의원은 제외한다.

3 ④

취소 … 법률행위가 일단 유효한 법률행위로서 효력을 발생하였으나 후에 법률행위가 있었던 때에 소급하여 효력을 잃게 되는 것이다. 즉, 법률행위를 한 날로 소급하여 무효였던 것으로 취급하기 때문에 취소로 하기 전에는 효력이 있는 것으로 다루어진다.

4 ③

① 외국인은 정당에 가입할 수 없다.

② 국내외의 법인, 단체, 외국인은 정치자금을 기부할 수 없다.

④ 일부 선거권은 인정받고 있지만 피선거권은 없다.

5 ③

① 노년부양비는 $\frac{65세 \ 이상 \ 인구}{생산가능 \ 인구} \times 100$ 으로 구한다.

② 고령화지수는 $\frac{65세 \ 이상 \ 인구}{15세 \ 미만 \ 유소년 \ 인구} \times 100$ 으로 구한다.

④ 2020년 생산 가능 인구를 100명이라고 가정할 때, 노인인구는 15명, 유소년 인구는 약 22명이 되므로 유소년 인구는 생산 가능 인구의 $\frac{22}{100}$ 이다.

6 ①

① 제시된 내용은 사회보험인 노인장기 요양보험에 대한 설명이며 의료급여제도는 공적부조에 해당한다.

※ **노인장기 요양보험** … 고령이나 노인성 질병 등의 사유로 일상생활을 혼자서 수행하기 어려운 노인 등에게 신체활동 또는 가사활동 지원 등의 장기요양급여를 제공하여 노후의 건강증진 및 생활안정을 도모하고 그 가족의 부담을 덜어줌으로써 국민의 삶의 질을 향상하도록 함을 목적으로 시행하는 사회보험제도이다.

7 ③

③ 범죄피해자의 구조청구권에 대한 내용으로 신체의 자유와는 무관하다.

※ **헌법이 보장하는 신체의 자유** … 죄형 법정주의, 이중처벌 금지의 원칙, 연좌제 금지, 적법 절차의 원리, 고문 금지, 묵비권, 영장 제도, 변호인의 조력을 받을 권리, 체포 · 구속의 이유 및 변호인의 조력을 받을 권리 고지(미란다 원칙), 구속적부 심사제, 자백의 증거 능력과 증명력의 제한, 형벌 불소급의 원칙, 일사부재리의 원칙 등이 있다.

8 ②

A는 완전경쟁시장, B는 독점적 경쟁시장, C는 과점시장, D는 독점시장이다.
① D시장에 대한 설명이다.
③④ A시장에 대한 설명이다.

9 ④

미국과 영국이 실시하고 있는 정당제도는 양당제이다.
① 양당제는 경쟁할 수 있는 정당이 단 둘인 정당제도이다.
②③ 다당제에 대한 설명이다.

10 ②

㈎ 국내 총생산은 '소비지출 + 투자지출 + 정부지출 + 순수출'로 계산할 수 있다.
㈐ 마찰적 실업은 자발적 실업에 속한다.
㈏ 스태그플레이션(stagflation)에 대한 설명이다.

11 ③

③ 산업 사회의 소품종 대량 생산은 정보 사회로 오면서 다품종 소량 생산으로 전환되고 있다.

12 ④

④ 반달돌칼은 청동기시대의 유물이다.

13 ④

탄약 제조, 화약 제조, 제도, 전기, 소총 수리 등 청의 무기제조법과 근대적 군사훈련법을 배우도록 청에 파견된 것은 영선사(1881)이다. 유학생들은 1882년 1월 톈진의 기기국에 배속되어 화약 · 탄약 제조법, 기계 조작법 등 근대적 군사 지식뿐 아니라 자연과학 및 외국어 등도 학습하였다. 임오군란의 발발로 소기의 성과를 거두지 못하고 1년 만에 귀국하였으나, 이를 계기로 서울에 근대적 무기제조 기구인 기기창이 세워지게 되었다.

14 ③

㉠ 신문왕은 왕권 강화의 차원으로 녹읍제를 폐지하고 관료전의 지급을 실시하였다.
㉡ 광종은 신진관료 양성을 통한 왕권의 강화를 목적으로 하여 무력이 아닌 유교적 학식을 바탕으로 정치적 식견과 능력을 갖춘 관료층의 형성을 위해 과거제도를 실시하였으며 공복을 제정하여 관료제도의 질서를 통한 왕권의 확립을 꾀하였다.
㉢ 태종은 국정운영체제를 도평의사사에서 의정부서사제로, 다시 이를 6조직계제로 고쳐 왕권을 강화하였으며, 사원의 토지와 노비를 몰수하여 전제개혁을 마무리하고, 개인의 사병을 혁파하고 노비변정도감이라는 임시관청을 통해 수십만의 노비를 해방시키는 등 국가 재정과 국방을 강화하기 위한 노력을 하였다.

15 ④

① 기존의 통치기구와 별도로 교정도감, 정방 등 새로운 정치기구를 설치하여 무신들이 권력을 행사하였다.
② 무신정권시대에는 농민과 천민의 반란이 빈번하게 발생하였다.
③ 전시과는 무신들에게 낮은 비율의 분배가 돌아갔으므로, 무신들은 농장의 확대와 노비의 확충으로 무력적 기반을 다지기 위해 전시과체제를 붕괴시켰다.

16 ①

제시된 내용은 고려중기 여진족(금)이 침입할 당시 이자겸과 척준경을 비롯한 보수적 문벌귀족들이 금국과의 사대관계를 해야 함을 주장하는 내용이다. 이러한 사대주의적 경향은 이후 김부식으로 이어졌으며, 이에 대해 묘청을 중심으로 한 서경파 문벌귀족들은 자주적 성향을 보이며 금국정벌론을 주장하였다.
② 강감찬의 귀주대첩은 금의 침입이 아닌 거란의 침입을 막아낸 것이다.
③ 당은 삼국통일을 전후로 평양에 안동도호부를 설치하려고 하였다.
④ 김부식은 사대주의적 성향으로 금나라와의 화친을 주장하였다.

17 ①
도평의사사와 비변사의 기능이 확대, 강화됨으로써 왕권이 상대적으로 약화되었다.

18 ②
② 백제나 신라와 동맹을 맺어 고구려에 대항하였다.

19 ①
'이들'이 직업적 전문성을 가졌다는 점에서 기술직 종사자인 중인을 가리킨다. 중인 중 역관들은 대청무역을 통해 막대한 재력을 쌓았으며, 한의사였던 유홍기와 역관이었던 오경석은 양반인 박규수와 함께 초기 개화파를 지도한 인물이기도 하다.

20 ④
세종, 세조 때의 과학기술의 발달은 농정과 밀접한 관련이 있다. 특히 농지의 요체는 오시를 지키는 문제와 직결되었다. 아울러 백성들이 농시를 제대로 지킬 수 없었던 것이 관리들이 농사철에 농민들을 부역에 많이 동원하기 때문이라고 판단하고 이를 법으로 금하였다.

21 ③
향음주례는 유교 육례의 하나로 매년 음력 10월 향촌의 선비 및 유생들이 향교나 서원에 모여 예로서 주연은 함께 즐기는 향촌의례이다. 향약과 향음주례는 고려 말부터 조선 초기까지 자발적으로 유향소에서 시행되었으며 주자학적인 방도로 향촌을 교화하며 사회질서를 확립하려는 사림들에 의한 운동이었다. 그러나 향사례와 향음주례에 의한 향촌질서의 개편이 무의미함을 판단한 사림들은 유향소에 얽매이지 않고 향약을 추진하기 시작하였으나 기묘사화로 중단되어 중종 때 다시 부활하였다.

22 ④
④ 고려시대에 대한 설명이다. 조선은 유교국가로서 부녀자의 재가를 금지하였고 그 소생자식은 사회적으로 인정받지 못하였다. 서얼들은 무과나 음서를 통해 관직에 진출하여야 하였으나 재가한 사람의 자식은 원천적으로 관직 진출을 봉쇄당하였다.

23 ③
③ 1951년 조인된 샌프란시스코 강화조약에 대한 설명이다. 1945년 7월 포츠담 회담에서는 일본에 대한 전쟁 종결의 조건을 발표하였고 일본 군대의 무장해제, 일본 전범자 처벌, 일본 군수산업의 금지와 평화산업의 유지, 일본 민주주의정부 수립과 동시에 점령군의 철수, 일본군의 무조건 항복, 한국 독립 재확인 등의 내용이 선언되었다.

24 ①
반봉건적 · 반침략적인 성격을 표출한 것은 동학농민운동이었다. 동학농민군은 고부 민란을 시작으로 전주성 점령, 우금치 전투에서 일본군에 패배하기까지 배외적 성격과 반봉건적 성격을 잘 보여줬으며 이는 폐정개혁안 12개 조에는 이러한 내용이 잘 나타나 있다.
②③④ 갑신정변 14개조 개혁 정강

25 ④
헤이그 특사 파견(1907)은 을사조약(1905) 체결 이후 일본의 부당함을 알리기 위해 고종의 명령으로 비밀리에 전개된 사건이다. 당시 네덜란드의 수도인 헤이그에서 제2차 만국평화회의가 열리고 있었는데 고종은 이 회의에 이상설, 이위종, 이준을 파견하여 조선의 독립과 일본의 무단성을 알리고자 했다. 하지만 특사 파견은 성공하지 못하고 일본에 발각되어 일본은 고종을 강제 퇴위시키고 군대를 해산하는 정미조약(1907)을 체결하게 된다.
① 아관파천(1896)
② 독립협회(1896~1898)
③ 일본의 경의선 철도부설권 확보(1906)

제4회 정답 및 해설

[직종별] 국어

1 ③

③ '얽히고설키다'에서 '얽히고'는 어법에 맞게 적은 것이고, '설키다'는 소리나는 대로 적은 것으로 전항과 후항에 모두 해당되는 예시이다.

2 ④

피동, 사동의 접미사 '-기-'는 된소리로 발음하지 않는다. 안기다[안기다]로 발음한다.

3 ③

합성어 : 꺾꽂이, 빛나다, 겉늙다, 끝장
파생어 : 홑몸, 빗나가다, 헛웃음, 짓이기다

4 ①

① 어떤 상태에 손상을 입혀 망가지게 하다.
②③ 사람의 마음이나 몸에 해를 입히다.
④ 다치게 하거나 죽이다.

5 ②

② 한글 맞춤법 제27항 둘 이상의 단어가 어울리거나 접두사가 붙어서 이루어진 말은 각각 그 원형을 밝히어 적는다.
※ 접두사 '새-/시-, 샛-/싯-' 구별
된소리나 거센소리 앞에는 '새-/시-'를 붙이되, 어간 첫음절이 양성 계열 모음일 때는 '새-', 음성 계열 모음일 때는 '시-'로 적는다. 반면 뒤에 오는 형용사가 울림소리로 시작할 때 '샛-/싯-'으로 적는다.

6 ③

'버리다'는 동사 뒤에서 '-어 버리다' 구성으로 쓰여 앞 말이 나타내는 행동이 이미 끝났음을 나타내는 보조 동사이므로 '떠내려가 버리다'는 '본용언+보조 용언'의 구성이다. 본용언이 합성어인 경우 붙여 쓰는 것이 허용되지 않으므로 '떠내려 가버렸다'로 띄어 써야한다.

7 ①

- 지원(志願) : 일이나 조직에 뜻을 두어 한 구성원이 되기를 바람.
- 지원(志願) : 뜻을 두어 원함.
- 지원(支援) : 지지하여 도움.

8 ③

① bookend – 북엔드
② yellow – 옐로
④ twist – 트위스트

9 ②

① 쫓다가[쫃따가]
③ 밭갈이를[받까리를]
④ 맑게[말게]

10 ④

비통사적 합성어 : 접칼, 높푸르다, 척척박사, 산들바람, 덮밥, 여닫다
통사적 합성어 : 손발, 돌다리, 첫사랑, 어린이, 재미있다

11 ①

① 가멸다 : 재산이나 자원 따위가 넉넉하고 많다.

12 ②

ⓛ 벚꽃 – Beotkkot

ⓓ 촉성루 – Chokseongnu

ⓜ 안압지 – Anapji

13 ④

④ 설명하거나 증명하기 위하여 사실을 가져다 대다.

① 빛, 볕, 물 따위가 안으로 들어오다.

② 다른 사람의 말이나 소리에 스스로 귀 기울이다.

③ 아래에 있는 것을 위로 올리다.

14 ①

① 예사일 → 예삿일

15 ②

② '받히다'는 '받다'의 사동사로 '머리나 뿔 따위로 세차게 부딪치다', '부당한 일을 한다고 생각되는 사람에게 맞서서 대들다.' 등의 의미를 가진다. 그러므로 ②번에서는 '물건의 밑이나 옆 따위에 다른 물체를 대다.'의 의미를 가진 '받치고'를 사용하는 것이 적절하다.

16 ④

④ 현재 시제

①②③ 과거 시제

17 ④

인용은 남의 말이나 글 중에 필요한 부분을 끌어와 설명하는 방법이다. 위 글에서는 속담을 빌려와 주제를 뒷받침하고 있다.

18 ②

빈칸은 앞의 내용을 이어받아 의문을 제기하고 있으므로 '그렇다면'이 가장 적절하다.

19 ③

③ 남을 모함하던 교씨의 사악함이 만천하에 드러나 처형되었다는 이야기이므로 모든 일은 반드시 바른길로 돌아간다는 의미의 사필귀정이 적절하다.

20 ④

④ 위 글에서 '나'는 로마가 문명이 무엇인가에 대한 진지한 반성을 할 수 있는 곳이며 문명관이 곧 새로운 문명에 대한 전망으로 이어진다고 말하고 있으므로 ④번이 적절하다.

21 ④

제시된 글을 작품의 등장인물인 '나' 주인공인 아저씨와 엄마에 대해 관찰하는 1인칭 관찰자 시점이다.

④는 전지적 작가 시점에 대한 설명이다.

22 ②

위 글을 보면 냉장고는 많은 음식을 저장할 수 있어 남은 음식은 나누지 않고 냉장고에 보관하게 되고 결국 그 음식들을 버리게 되었다고 말한다. 그러므로 빈칸에 들어갈 말은 ②가 적절하다.

23 ②

② 거미가 실을 뽑아내는 부위에 대한 설명이 없으므로 ②는 알 수 없다.

24 ②

글의 화자는 일상 속에서 트럭 아저씨와 자연의 기운을 담은 야채들을 만나는 일을 기쁘게 마주 하고 있으므로 ②번이 글의 주제와 가장 가깝다고 할 수 있다.

25 ②
① '마당이 있는 집에 산다고 하면 다들 채소를 심어 먹을 수 있어서 좋겠다고 부러워한다. 나도 첫해에는 열무하고 고추를 심었다'는 내용을 통해 알 수 있다.
③ 화자는 '뿌리째 뽑혀 흙까지 싱싱한 야채를 보면 야채가 아니라 푸성귀라고 불러 주고 싶어진다'고 말하고 있다.
④ '매일 하루 두 번씩 오는 채소 장수 아저씨가 단골이 되면서 채소 농사가 시들해졌고 작년부터는 아예 안 하게 되었다'는 내용을 통해 알 수 있다.

[직종별] 학교업무 이해하기

1 ③
세종교육의 비전 및 지표
㉠ 비전 : 새로운 학교 행복한 아이들
㉡ 지표 : 생각하는 사람 참여하는 시민

2 ④
④ 교육청은 학교혁신을 효과적으로 추진하기 위하여 혁신학교를 모델학교로 운영하고 학교혁신의 방법과 내용을 확장하도록 협력·돌봄·나눔의 지역교육공동체를 운영합니다.

3 ②
교육감의 임기는 4년으로 하며, 교육감의 계속 재임은 3기에 한한다.

4 ③
③은 교육정책국의 분장사무이다.
※ 기획조정국의 분장사무
　㉠ 지방교육행정의 기획·조정 및 분석·평가에 관한 사항
　㉡ 주요업무계획의 수립 및 평가에 관한 사항
　㉢ 교육정책의 개발 및 조정에 관한 사항
　㉣ 혁신학교 및 학교혁신에 관한 사항

㉤ 재난 및 안전관리 총괄·조정에 관한 사항
㉥ 예산의 편성·운영 및 재정계획에 관한 사항
㉦ 조직 및 지방공무원 정원에 관한 사항
㉧ 사립학교(사립유치원 포함) 및 학교법인에 관한 사항
㉨ 의회 및 교육협력에 관한 사항
㉩ 학부모 지원 및 시민 협력에 관한 사항
㉪ 학교운영위원회 및 학교발전기금에 관한 사항
㉫ 방과후학교 운영에 관한 사항
㉬ 지역교육발전에 관한 사항
㉭ 교육행정정보화 및 정보보호 총괄에 관한 사항

5 ②
평생교육학습관의 관장 사항
㉠ 평생학습과 문화활동 지원에 관한 사항
㉡ 도서관자료의 수집·정리·보존 및 이용 제공에 관한 사항
㉢ 독서안내·상담과 열람지도에 관한 사항
㉣ 과학·영재·융합인재교육(STEAM)·발명교육 프로그램 개발 및 운영에 관한 사항
㉤ 그 밖에 교육감이 필요하다고 인정하여 정하는 사항

6 ④
④ 「헌법」 제7조 제1항은 간접조항에 해당한다.
※ 「헌법」 제31조
　① 모든 국민은 능력에 따라 균등하게 교육을 받을 권리를 가진다.
　② 모든 국민은 그 보호하는 자녀에게 적어도 초등교육과 법률이 정하는 교육을 받게 할 의무를 진다.
　③ 의무교육은 무상으로 한다.
　④ 교육의 자주성·전문성·정치적 중립성 및 대학의 자율성은 법률이 정하는 바에 의하여 보장된다.
　⑤ 국가는 평생교육을 진흥하여야 한다.
　⑥ 학교교육 및 평생교육을 포함한 교육제도와 그 운영, 교육재정 및 교원의 지위에 관한 기본적인 사항은 법률로 정한다.

7 ②

① **전출** : 다른 학교로 전입학하기 위해 전입 학교로 학적을 옮김.

③ **휴학** : 질병 등 사유에 의해 학교장의 허가 하에 일 정기간 동안 교육과정 이수를 중단함(의무교육에 해당하는 학교 및 특수교육대상학생은 불가).

④ **면제** : 「초·중등교육법」 제14조에 의거 취학 및 교육 의무를 면함.

8 ①

「학교폭력예방 및 대책에 관한 법률」 제17조(가해학생에 대한 조치) 제1항… 심의위원회는 피해학생의 보호와 가해학생의 선도·교육을 위하여 가해학생에 대하여 다음 각 호의 어느 하나에 해당하는 조치(수 개의 조치를 병과하는 경우를 포함한다)를 할 것을 교육장에게 요청하여야 하며, 각 조치별 적용 기준은 대통령령으로 정한다. 다만, 퇴학처분은 의무교육과정에 있는 가해학생에 대하여는 적용하지 아니한다.

1. 피해학생에 대한 서면사과

2. 피해학생 및 신고·고발 학생에 대한 접촉, 협박 및 보복행위의 금지

3. 학교에서의 봉사

4. 사회봉사

5. 학내외 전문가에 의한 특별 교육이수 또는 심리치료

6. 출석정지

7. 학급교체

8. 전학

9. 퇴학처분

9 ③

③ 학교생활기록부 작성에 필요한 보조부는 각 학교의 실정에 알맞게 계획을 수립하여 작성·활용하되, 전산 입력하여 관리함을 원칙으로 한다.

10 ③

③ 학교생활기록부 정정대장은 교육정보시스템에서 제공하는 결재 절차를 거쳐 학기 중에는 전자문서로 관리하다가 매 학년도 말 처리가 종료되면 출력하여 증빙서류와 함께 준영구 보관한다.

11 ②

현재의 교육모습	앞으로의 교육모습
• 과다한 학습량으로 진도 맞추기 수업 • 어려운 시험 문제로 수포자 양산, 높은 학업 성취도에 비해 학습 흥미도 저하 • 지식 암기식 수업으로 추격형 모방 경제에 적합한 인간	• 핵심 개념 중심의 학습 내용 구성 • 진도에 급급하지 않고 학생 참여 중심 수업을 통한 학습 흥미도 제고 • 창의적 사고 과정을 통한 미래핵심 역량을 갖춘 창의융합형 인재 양성

12 ③

③ 교무행정사의 업무에 해당한다.

※ **교육복지사의 주요업무**

㉠ 교육복지사업대상학생의 학교생활 적응 지원

㉡ 교육복지사업대상학생을 위한 문제의 원인과 해결에 관한 지원

㉢ 교육복지사업대상학생 지원을 위한 지역사회 자원의 연계·활용

㉣ 교육복지사업과 관련한 학부모 및 교사에 대한 지원 등

13 ②

전보시기

㉠ 정기전보 : 3월 1일, 9월 1일

㉡ 수시전보 : 정원의 변동 등 전보가 불가피한 경우

14 ②

채용인원과 방법, 절차 등 세부 시행계획을 수립하는 단계는 채용계획수립 단계이다.

15 ②

제시된 내용은 정직에 대한 설명이다.

16 ④

교육공무직원 정년퇴직일

㉠ 정년에 이른 날이 3월~8월 사이 : 8월 말일 퇴직

㉡ 정년에 이른 날이 9월~다음해 2월 사이 : 2월 말일 퇴직

17 ②

「근로기준법」제50조 제1항, 제2항

① 1주간의 근로시간은 휴게시간을 제외하고 40시간을 초과할 수 없다.

② 1일의 근로시간은 휴게시간을 제하고 8시간을 초과할 수 없다.

18 ③

③ 재량휴업일은 약정휴일이다.

19 ③

연차유급휴가 미사용 수당 청구권

㉠ 사용하지 않은 연차일수에 대해 수당을 청구할 수 있는 권리

㉡ 연차유급휴가 청구권이 소멸된 시점에 발생

㉢ 소멸시효 : 청구권 발생일로부터 3년

20 ②

② 본인 및 배우자의 조부모·외조부모 사망 : 2일

21 ①

제시된 내용은 통상임금에 대한 설명이다.

22 ②

업무포털 이용 절차

23 ②

'시도', '장차관' 등 한 단어로 쓰이는 말은 가운뎃점을 찍지 않는다.

24 ①

② 단위를 나타내는 의존 명사는 앞말과 띄어 쓴다. '여'는 접사이므로 앞말과 붙여 쓴다. →50여 명의

③ 쌍점(:)은 앞말에 붙여 쓰고 뒷말과는 띄어 쓴다. → 원장: 홍길동

④ 관직명은 앞말과 띄어 쓴다. → 교육부 장관을

25 ①

제시된 내용은 K-에듀파인에 대한 설명이다.

[공통] 일반상식(사회, 한국사)

1 ①

법정상속의 경우 피상속인을 기준으로 '직계비속→직계존속→형제자매→4촌 이내의 방계혈족'의 순으로 상속된다. 배우자는 1순위와 2순위의 상속인이 있는 경우에는 그 상속인과 동순위로 상속인이 되며 1, 2순위 상속인이 없는 경우에는 단독 상속인이 된다.

① 1순위에 해당하는 직계비속이 있으므로 어머니는 상속인이 될 수 없다.

2 ④

④ '일반 의지'는 루소의 독창적이고도 핵심적인 개념으로 국가 구성원의 동질성을 전제로 할 때 성립될 수 있다. 동질적인 사회 집단의 구성원들이 다 같이 바라는 공공의 복지와 의지가 곧 일반 의지인 것이다. 시민 사회의 정당성은 오직 일반 의지의 차원에서만 가능하므로 일반의지는 구성원들의 입장에서 볼 때 항상 정당하고 공공의 이익을 목적으로 하고 있으며 파괴되거나 분할할 수 없는 절대성을 갖고 있다고 본다. 이러한 점에서 루소는 특수 의지의 단순한 양적인 합인 전체 의지를 일반 의지와 구분하고 있다.

① 홉스에 대한 설명이다.

② 루소는 인간의 자유를 자연적 자유와 사회적 자유 두 가지로 나눴다. '자연적 자유'란 개인의 힘 이외에 어떠한 것에 의해서도 제한될 수 없고, 얻고자 하는 모든 것을 가질 수 있는 무제한의 자유를 말한다. 이러한 자연적 자유는 실제 사회 속에서 비

록 현실성은 없지만 실현되어야 할 자유의 원형으로 존재한다. 이에 반해 '사회적 자유'는 시민적 자유로 구체화되는데 자신이 만든 법률에 복종하면서 자기 자신이 주인이 되는 것을 말한다. 사회적 자유는 공동의 자유라는 성격을 내포하기 때문에 이러한 사회 구성원으로서의 시민은 자신이 속한 사회가 정당한 법을 가졌을 때 자유롭게 된다고 본다.

③ 루소는 권력분립을 별도로 강조하지 않고 있다.

3 ③

일사부재의원칙(一事不再議原則) … 회의체의 의사과정에 있어서 그 회기 중에 부결된 의안은 그 회기 중에는 다시 제출하지 못한다는 원칙. 이것은 회의체의 의결이 있는 이상 그 회의체의 의사는 이미 확정되었기 때문에 다시 이를 논할 필요가 없다는 데 근거를 둔 것으로 의사진행의 원활화와 소수파의 의사방해를 방지하기 위한 제도적 장치라 할 수 있다. 국회의 일사부재의원칙에 대해서는 「국회법」에 규정되어 있다.

4 ①

위 제시문은 국제 레짐(International Regimes)에 대한 설명이다.

※ 국제 레짐(International Regimes) … 지구촌의 국제관계가 점점 복잡해지고 일부 국가 간에 의존이 심화되는가 하면 또 다른 국가 간에서는 분쟁이 많이 발생하자 국제적 규범 내지 국제적 협력 체제를 창출해야 할 필요성이 대두되었는데 이를 국제 레짐이라 한다. 국제 레짐은 국제관계를 규율하는 보다 포괄적인 장치로서 행위주체들 이 바라는 바가 수렴되는 제도, 원칙, 규범, 절차 등을 총칭하는 광범위한 개념이다. 이에 따라 제네바 조약이나 고문금지조약, 대인지뢰금지조약, 전범재판소나 국제형사재판소 설치 등과 같은 활동을 통해 국가 간의 대립과 갈등을 조정하고 있다. 이러한 국제 레짐은 단순히 강대국이 가지는 군사·경제적 힘의 우위에 근거하여 강압적으로 강요되는 것이 아닌 규범의 준수가 가져오는 장기적인 비용감소 효과와 도덕적 이익 때문에 어느 정도 자발적으로 준수되고 있다.

5 ③

① 법원은 당사자의 신청이 있는 경우 외에 직권제청으로도 헌법재판소에 위헌법률 심판의 제청을 할 수 있다.

② 당해 사건의 당사자인 경우에는 법원에 위헌법률심판 제청신청을 하지 않고 직접 헌법재판소에 위헌법률심판을 청구할 수는 없다.

③ 당해 사건의 법원이 당사자의 위헌법률심판 제청신청을 기각 또는 각하하면 당사자는 헌법재판소에 헌법소원심판을 청구할 수 있다.

④ 당해 사건의 법원이 당사자의 위헌법률심판 제청신청을 기각하면 당사자는 법원의 기각결정에 대해 항고할 수 없고, 직접 헌법재판소에 헌법소원심판을 신청할 수 있다.

6 ④

④는 탈 관료제의 내용이다.

※ 관료제(bureaucracy) … 엄격한 권한의 위임과 전문화된 직무의 체계를 가지고 합리적인 규칙에 따라 조직의 목표를 능률적으로 실현하는 조직관리 운영체제로 관료제란 용어는 프랑스의 중농주의 경제학자 구르네가 1745년경에 처음 사용한 것으로 전해지고 있으며 그 어원은 사무용 책상을 뜻하는 'bureau'와 통치를 뜻하는 'cratia'의 합성어이다. 관료제 이론은 독일이 사회학자인 막스 베버가 제시한 모형이 대표적이다.

7 ①

갑은 '기능론'의 관점에서 사회 계층 현상을 바라보았고 을은 '갈등론'의 관점에서 사회 계층 현상을 바라보았다.

8 ③

2001년 7월 19일 헌법재판소는 당시 시행되고 있던 비례 대표 국회의원 의석 배분 방식 및 1인 1표제가 국민의 자유로운 선택권을 방해하고 평등선거 원칙에 위배되며 직접 선거 원칙에도 위배된다는 이유로 위헌 판결을 내리고 제 17대 국회의원 선거부터 1인 2표제로 바꾸었다. 이로 인해 '국민의 자유로운 선택권 방해'와 '평등선거 원칙에 위배'된다는 기존제도의 위헌적 요소를 해결하였지만 '직접 선거 원칙에 위배'라는 요소는 여전히 해결하지 못했다.

9 ③

제시문은 마르크스주의의 근거가 되는 사적유물론에 대한 설명이다.
① 사회변동의 요인은 그 사회의 내재적 요인으로부터 나타난다.
② 사적 유물론에서는 인간의 존재에 필요 불가결한 물질적 생활의 생산이 사회적 삶 전반을 발달시킨 기초라고 생각한다.
④ 경제적 요소에 의해 사회의 가치체계가 변화될 가능성을 강조하고 있다.

10 ④

① 원자재 가격이 상승한 X재의 가격은 상승할 것이다.
② 가격이 비싸진 X재는 거래량이 감소할 것이다.
③ X재의 대체재인 Y재 수요가 많아져서 가격이 상승할 것이다.

11 ③

지문에서 설명하고 있는 재화는 공공재이다.
③ 공공재의 경우 무임승차문제 때문에 민간에서 공급되기 어려우며 따라서 민간 기업에 맡겨 둘 경우 사회적으로 최적인 수준보다 적게 생산된다.

12 ④

국내 총생산은 자국민의 국내생산과 외국인의 국내생산을 말한다. 따라서 외국에서 생산된 재화를 수입한 것은 국내총생산에 포함되지 않는다.

13 ②

제시된 내용은 신석기시대에 출현한 원시신앙에 대한 설명으로 농경과 정착생활을 하게 되면서 인간이 자연의 섭리를 생각하게 됨으로써 나타난 것이다. 신석기시대의 대표적인 유물로는 빗살무늬토기를 들 수 있다.
① 구석기시대 ③ 청동기시대 ④ 철기시대

14 ③

광개토대왕은 만주 대부분의 지방까지 영토를 확장하고, 백제를 한강 이남으로 축출하였으며, 신라에 침입한 왜를 격퇴하여 한반도 남부까지 영향력을 확대하였다.

15 ②

중앙집권체제의 정비는 왕위 세습, 율령 반포, 관등이나 관직 등의 제도를 정비함으로써 더욱 강화되어 진다.

16 ③

발해가 건국된 지역은 고구려 부흥운동이 활발하게 일어난 요동지역이었다. 발해의 지배층 대부분은 고구려 유민이었으며 발해의 문화는 고구려적 요소를 많이 포함하고 있었다.

17 ③

서문의 사건인 홍경래의 난은 19세기 초 몰락한 양반 홍경래의 지휘 하에 영세농민, 중소농민, 광산노동자 등이 합세하여 일으킨 봉기이다. 19세기에는 임진왜란을 계기로 기능이 강화된 비변사가 권력의 핵심이 되어 인사권을 장악하였다.

18 ②

② 기인제도는 고려 태조가 호족통합정책으로 실시한 제도이고, 신라에서는 이와 유사한 상수리제도가 있었다.

19 ①

① 제시된 사료는 정약용의 토지 제도의 개혁 방안인 여전론을 제기하는 내용의 일부이다. 조선 후기에는 광작으로 부를 축적한 부농 및 거상들이 족보를 매입하거나 위조하여 신분을 상승시켰다.

20 ③

③ 제시된 사료는 이광수가 동아일보에 게재한 '민족적 경륜'의 내용 중 일부이다. 이광수는 1920년대 초반 타협주의로 전향하면서 일제의 식민 지배를 인정하고 자치를 추구해야한다는 자치론을 전개하였다.

① 이광수의 자치론은 신채호 등 무장투쟁론자들에게 비판을 받았다.

② 1930년대 이후 혁명적 노동자, 농민운동의 구호이다.

④ 1920년대 초반 대한민국 임시정부의 독립운동노선이다.

21 ②

고려의 군사제도 ⋯ 정치성이 강한 중앙군과 국방적 성격이 강한 지방군이 2원적 조직을 이루고 있었다.

㉠ **중앙군** : 왕의 친위군인 2군과 수도 경비군인 6위를 두었는데, 상장군 · 대장군 등이 통솔하였다. 중앙군은 대부분 직업군인으로 구성되었으며 군인전을 지급받았다.

㉡ **지방군** : 5도의 각 고을에는 주현군을 두어 향토방위를 담당하게 하였으며, 양계에 배치된 주진군은 국방의 주역을 담당한 상비군이었다(군인전 지급 없음).

㉢ **중방(重房)** : 2군 6위의 상장군 · 대장군으로 구성된 합좌기관(군사최고회의기관)으로, 군사문제를 의논하였으며(중방→장군방→낭장방), 무신정변 이후 권력의 중추기구가 되었다.

22 ②

② 조선 초기를 양천제로 보는 것은 양인을 내부에서 신분이동이 가능한 성취신분으로 이해하려는 견해이다.

①③④ 양반신분이 고정되어 갔음을 뜻한다.

23 ④

신채호의 '조선혁명선언'은 폭력 투쟁에 의해 일제를 타도하자는 내용으로 1920년대 초반의 의열단 선언문이 되기도 하였다. 김원봉을 중심으로 하는 의열단은 한인애국단과 더불어 1920년대의 대표적인 항일무장단체로서, 소속원이었던 김상옥은 종로경찰서를 폭파하고, 나석주는 동양척식주식회사를 폭파하려 하는 등의 활동을 전개하였다.

24 ①

신분제 철폐와 관계되는 개혁 ⋯ 갑신정변, 동학농민운동, 갑오개혁

25 ②

㉠ 1950년 ㉡ 1945년 ㉢ 1948년 ㉣ 1953년

제5회 정답 및 해설

[직종별] 국어

1 ②

② 제시된 단어는 반의관계를 가지고 있다.
①③④에서 제시된 단어는 상하관계를 가지고 있다.

2 ④

① 눈, 비, 서리, 이슬 따위가 오다.
② 졌거나 부었던 살이 빠지다.
③ 먹은 음식물 따위가 소화되다. 또는 그렇게 하다.
④ 판단, 결정을 하거나 결말을 짓다.

3 ②

〈보기〉에서 제시된 단어는 순우리말로 된 합성어('깨+
묵', '아래+마을', '터+마당', '메+나물')로서 앞말이 모
음으로 끝나고 뒷말의 첫소리 'ㄴ, ㅁ' 앞에서 'ㄴ' 소
리가 덧나는 것에 대한 예시이다.

4 ④

① 심포지움→심포지엄
② 스폰지→스펀지
③ 팜플릿→ 팸플릿, 플랜카드→플래카드

5 ③

① 먹을래야→먹으려야
② 봉숭화물→봉숭아물, 봉선화물
④ 우두머니→우두커니

6 ③

③ 이다 : 물건을 머리 위에 얹다.
①②④ 잇다 : 두 끝을 맞대어 붙이다.

7 ④

어간의 끝음절 '하'가 줄어진 형태로 관용되고 있는 형
식은 '하'가 아주 준 것으로 보고 준대로 적는다. 이는
주로 안울림소리 받침 뒤에서 나타난다. ④의 '생각컨
대'는 생각건대로 적는 것이 적절하다.

8 ④

④ 오목조목 : 자그마한 것이 모여서 야무진 느낌을 주
는 모양.

9 ③

① Chaikovskii – 차이콥스키
② milk shake – 밀크셰이크
④ Roosevelt – 루스벨트

10 ④

④에서 제시된 '백암'은 본래 된소리가 나지 않으므로
예시로 적절하지 않다.

11 ②

② '들'이 명사 뒤에 쓰여 두 개 이상의 사물을 나열할
때, 그 열거한 사물 모두를 가리키거나, 그 밖에 같은
종류의 사물이 더 있음을 나타내는 말로 쓰일 경우
의존명사이므로 앞말과 띄어 쓴다.

12 ③

③ '길잡이, 길라잡이'만 표준어이다.

13 ②

② 늴리리 : 한글 맞춤법 9항에 따라, '의'나, 자음을 첫소리로 가지고 있는 음절의 '늬'는 'ㅣ'로 소리 나는 경우가 있더라도 '로 적는다.

남존여비 : 한글 맞춤법 제10항에 따라, 한자음 '녀, 뇨, 뉴, 니'가 단어 첫머리에 올 적에는 두음 법칙에 따라 '여, 요, 유, 이'로 적는다. 다만, 접두사처럼 쓰이는 한자가 붙어서 된 말이나 합성어에서, 뒷말의 첫소리가 'ㄴ' 소리로 나더라도 두음 법칙에 따라 적는다.

혜택 : 한글 맞춤법 제8항에 따라, '계, 례, 몌, 폐, 혜'의 'ㅖ'는 'ㅔ'로 소리 나는 경우가 있더라도 'ㅖ'로 적는다.

14 ②

① 신고[신: 꼬]

③ 갈증[갈쯩]

④ 갈 데가[갈떼가]

15 ①

② 자루 속 송곳은 빠져나오게 마련이다.

③ 촌놈은 밥그릇 큰 것만 찾는다.

④ 포도청 문고리도 빼겠다.

16 ③

③ '휴대 전화가 멀고 낯선 세계를 글과 소리로 연결해 준다는 점에서 소통의 폭과 깊이를 더하는 기능을 한다고 볼 수 있다'는 내용을 통해 화자는 휴대 전화를 소통적인 측면에서 긍정적으로 바라보고 있음을 알 수 있다.

17 ③

제시된 글은 전시적 작가 시점으로 ③의 설명이 가장 적절하다.

① 1인칭 관찰자 시점

② 1인칭 주인공 시점

④ 작가 관찰자 시점

18 ④

④ 화자는 환호 없이 달릴 수 있기에 위대하다고 평하고 있으며 그가 주저앉는 모습을 보는 것이 마치 스스로가 주저앉는 것과 같은 미신적인 연대감을 느끼고 있다고 말하고 있다. 이를 통해 화자는 푸른 마라토너에게 감정을 이입했다고 할 수 있다.

19 ①

① 첫 문단에서 '과시 소비'라는 용어를 이해하기 쉽게 풀이하고 있다.

20 ③

제시된 문장은 라파엘로의 창의성을 예로 들면서 기준에 따라 평가가 달라진다는 것을 언급하고자 한다. 따라서 당대 비평가들의 평가기준에 따라 창의성 여부가 달라질 수 있다는 내용 뒤인 ⓒ이 가장 적절하며, 제시된 문장 뒤로는 라파엘로의 창의성이 평가기준에 따라 어떻게 다르게 평가되고 있는지에 대한 내용이 이어져야 한다.

21 ①

주어진 빈칸의 앞에서 화자는 원로들의 낭송 시간이 있다는 것을 전달받고서 자신에게도 낭송을 요청했다고 했으므로 빈칸에는 '원로'가 오는 것이 적절하다.

22 ①

음성을 인식하기 위해서 먼저 입력된 신호에서 잡음을 제거한 후 음성 신호만 추출한다. 그런 다음 음성 신호를 하나의 음소로 판단되는 구간인 '음소 추정 구간들의 배열로 바꾸어 준다. 그런데 음성 신호를 음소 단위로 정확히 나누는 것은 쉽지 않다. 이를 해결하기 위해 먼저 음성 신호를 일정한 시간 간격의 '단위 구간'으로 나누고, 이 단위 구간 하나만으로 또는 연속된 단위 구간을 이어 붙여 음소 추정 구간들을 만든다.

23 ①

② 입에 붙은 밥풀

③ 입이 원수

④ 입이 질다

24 ②

② '독감은 종종 '감기가 악화된 것.' 또는 '감기 중에 독한 것.'이라고 오해를 받는다'고 하였으므로 위 글의 내용과 일치한다.

① 아데노바이러스를 비롯해 최소 100가지 이상의 바이러스가 감기를 일으킨다고 알려져 있다고 하였으므로 아데노바이러스 역시 감기 바이러스의 일종이다.

③ 독감에 대한 설명이다.

④ 감기는 백신을 만들 수 없다고 하였으므로 옳지 않다.

25 ③

글의 세 번째 문단에서는 감기와 독감을 비교하여 설명하고 있다.

[직종별] 학교업무 이해하기

1 ①

세종교육 정책 방향별 주요 과제

㉠ **혁신교육** : 혁신교육으로 학교 자치의 힘을 키우고 교육 주체의 참여를 넓히겠습니다.

㉡ **미래교육** : 미래교육으로 우리 아이들이 통일시대와 4차 산업혁명 시대를 이끌어갈 시민으로 성장하도록 돕겠습니다.

㉢ **책임교육** : 책임교육으로 공평한 기회를 보장하고 안심교육을 실현하겠습니다.

㉣ **학습도시 세종** : 학습도시 세종에서 교육을 중심으로 문화와 예술이 꽃피도록 하겠습니다.

2 ③

세종교육의 정책 방향은 교육자치가 구현되는 현장 중심 교육행정 체제를 기반으로 학교혁신을 지원하여 새로운 학교를 만들고 지역사회를 돌봄과 나눔의 가치가 숨 쉬는 교육생태계로 조성하는 것입니다.

3 ②

교육감의 임기는 4년으로 하며, 교육감의 계속 재임은 3기에 한한다.

4 ③

세종시교육청 본청기구 조직도

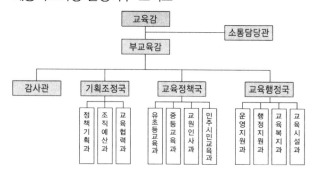

5 ①

①은 평생교육학습관이 관장하는 사항이다.

※ **세종교육원의 관장 사항**

㉠ 교원, 지방공무원 연수

㉡ 평생학습과 문화 활동 지원

㉢ 다양한 평생교육 프로그램 개발 · 운영

㉣ 자료대출 · 열람에 관한 사항

㉤ 독서안내 · 상담과 열람지도

㉥ 디지털 지식정보 제공에 관한 사항

㉦ 세종국민체육센터 운영에 관한 사항

㉧ 수영장 운영에 관한 사항

6 ④

교육법규의 특징

㉠ **조장성** : 교육법은 국민으로 하여금 교육에 대한 권리(학습권)를 향유할 수 있도록 하기 위하여 교육활동을 조성 · 조장하는 것을 주목적으로 하고 있다.

㉡ **수단성**

• 교육법이 규정하고 있는 학교교육, 평생교육, 교원, 교육행정 등의 교육제도는 모두 교육을 구체적으로 조장하기 위한 수단적 성격을 가진다.

• 이에 교육법은 고정불변의 것이 아니며 사회의 요구에 따라 변해 가게 된다.

• 공교육, 의무교육제도 역시 근대 시민사회의 형성, 자본주의의 발달, 과학 · 기술의 발전 등의 소산이며, 오늘날 학교교육이 많은 도전과 변화의 요구를 받고 있는 것 역시 사회의 급변에 따른 것이라 할 수 있다.

㉢ **윤리성** : 교육활동은 인격적 활동이기에 교육법도 이러한 성격이 강하다.

7 ③

① **제적** : 고등학교에서 사망(명예졸업에 해당하는 경우 제외) 등 재학생 자격이 소멸되어 학적에서 제외됨(의무교육에 해당하는 학교 및 특수교육대상학생은 불가).

② **자퇴** : 고등학교에서 개인 또는 가정사정으로 학생의 바람에 의하여 학적(재학생의 신분)을 포기함(의무교육에 해당하는 학교 및 특수교육대상학생은 불가).

④ **조기졸업** : 학칙에 의한 수업 연한의 단축을 통해 해당 학교 전 교육과정을 조기에 수료하여 해당학교의 전 과정을 마침.

8 ②

② 입학·재취학·편입학은 당해학교의 교육과정 이수에 지장이 없는 범위인 당해학년 수업일수의 3분의 2이상 남은 시점까지 수시로 입급할 수 있다(「초·중등교육법 시행령」 제67조).

9 ④

④ 학교생활세부사항기록부(학교생활기록부Ⅱ)는 해당 학생 졸업 후 5년 동안 학교에서 보존·관리하고 이후 삭제한다.

10 ②

학교생활기록부의 당해 학년도 입력이 완료되면 학교생활기록부Ⅱ 출력물과 각종 보조부의 내용을 3회 이상 대조·확인 작업을 철저히 하여 오류가 없도록 한다.

11 ③

창의융합형 인재가 갖추어야 할 핵심역량으로 자기관리 역량, 지식정보처리 역량, 창의적 사고 역량, 심미적 감성 역량, 의사소통 역량, 공동체 역량을 제시하였다.

12 ③

제시된 내용은 특수교육실무사의 주요업무이다.

13 ④

전보운영 일반원칙

㉠ 근무희망기관 또는 생활근거지 등 고려

㉡ 근무경력, 자격 및 능력, 근무성적평가 등 고려

㉢ 장애가 있는 근로자는 신체조건, 특기·적성 등 고려

14 ③

평가등급은 탁월, 우수, 보통, 미흡, 불량의 5단계이다.

15 ②

감봉은 1개월 이상 3개월 이하의 기간 동안 급여를 감액하되 1회의 금액은 평균임금의 1일분의 2분의 1을, 총액이 1임금지급기(월급)의 임금 총액의 10분의 1을 초과하지 못한다.

16 ④

④ 해고 사유에 해당한다.

※ **당연퇴직 사유**

㉠ 교육공무직원 정년인 만 60세에 이른 경우

㉡ 교육공무직원이 사망한 경우

㉢ 계약기간을 정하여 임용된 근로자가 기간 만료 후 재임용되지 아니한 때

㉣ 채용 후 채용 결격사유가 발견되었을 때

17 ③

③ 휴게시간은 반드시 점심시간이 아니어도 된다.

18 ④

배우자 출산휴가는 10일이다.

19 ②

1일 8시간 근무하는 근로자의 연차유급휴가 미사용수당 산정방법 = 시간급 통상임금 × 8시간 × 잔여 연차일수

20 ④

④ 생리휴가일은 주휴일, 연차유급휴가 등을 부여하기 위한 출근율 산정 시 출근한 것으로 간주한다.

21 ③

퇴직급여제도의 종류

㉠ **퇴직금제도(적립방식)** : 계속근로기간 1년에 대하여 30일분 이상의 평균임금을 퇴직금으로 퇴직하는 근로자에게 지급할 수 있는 제도(근로자퇴직급여보장법 제8조)

㉡ **퇴직연금제도(DB 또는 DC)** : 사용자가 매월 또는 매년 퇴직연금사업을 하는 금융기관에 일정금액 이상을 적립하고 근로자는 퇴직한 후 연금이나 일시금으로 퇴직급여를 받는 제도

• 확정급여형 퇴직연금제(DB) : 근로자가 퇴직 시 지급받을 급여의 수준내용이 사전에 확정되며, 사용자의 적립부담은 적립금 운영결과에 따라 변동될 수 있는 연금제도(근로자퇴직급여보장법 제13조)

• 확정기여형 퇴직연금제(DC) : 퇴직급여를 위해 사용자가 부담해야 할 부담금의 수준이 사전에 확정되며, 근로자가 받을 퇴직급여는 적립금 운영결과에 따라 변동될 수 있는 연금제도(근로자퇴직급여보장법 제19조)

22 ②

② 기관마스터는 소속기관과 사용자에게 나이스 접근권한을 관리(부여·회수)할 수 있는 기관 별 최상위 권한 보유한 자이다. 업무 분장에 따라 소속 사용자에게 나이스 접근 권한을 부여·회수하는 업무를 수행하는 자는 기관(학교)권한관리자이다.

23 ③

① **본예산** : 회계연도간의 단위학교 활동을 반영하여 편성된 회계연도 최초의 예산을 말한다.

② **성립전예산** : 국가 또는 지방자치단체 등으로부터 그 용도가 지정되어 전액 교부된 경비 혹은 수익자부담경비로서 사전에 운영위원회의 심의를 거친 경비에 한하여, 성립전예산 집행 요건에 부합하고 예산집행 시일이 촉박한 경우에는 추가경정예산의 운영위원회 예산 승인 성립 전에 이를 집행한 후

차기 추경예산에 반영하여 승인절차를 거치는 것을 말한다.

④ **검사/검수** : 집행품의 이후 해당 물품등에 대하여 계약이행을 끝내면, 이를 확인하기 위하여 물건의 성질, 외관등을 구체적인 항목에 의하여 규격과 요건을 확인하는 검사와 계약서등에 명시되어 있는 규격과 수량을 확인하는 검수과정을 말한다.

24 ③

개인정보의 유형

유형	개인정보 예시
인적 사항	성명, 주민등록번호, 주소, 본적기, 전화번호, 생년월일, 출생지, 이메일주소, 가족관계 등
신체적 정보	[신체정보] 얼굴, 지문, 홍채, 음성, 유전자 정보, 키, 몸무게 등 [의료, 건강정보] 건강상태, 진료기록, 신체장애, 장애등급, 병력 등
정신적 정보	물품 구매기록, 웹사이트 검색기록, 사상, 종교, 가치관 등
재산적 정보	[개인금융정보] 소득, 신용카드번호, 통장계좌번호, 동산(부동산) 내역 [신용정보] 개인신용평가정보, 대출 및 담보설정, 카드 사용내역 등
사회적 정보	[교육정보] 학력, 성적, 출석상황, 상벌기록, 생활기록부 등 [법적 정보] 전과, 범죄기록, 재판기록, 과태료 납부내역 등 [근로정보] 직장, 고용주, 근무처, 근로경력, 직무평가기록 등 [병역정보] 병역여부, 군번, 계급, 근무부대 등
기타	전화통화내역, IP주소, 웹사이트 접속내역, 이메일 또는 전화메시지, GPS 등에 의한 개인위치정보 등

25 ④

④ 민원인과 민원상담을 할 때는 어려운 용어나 절차 등은 민원인의 입장에서 알아듣기 쉽게 설명한다.

[공통] 일반상식(사회, 한국사)

1 ④

〈보기〉는 인플레이션 상황에 대한 설명이다.

④ 인플레이션이 심화되었을 때 정부는 긴축재정을 운용하여 총수요을 억제한다.

①②③ 디플레이션에 대응하기 위해 총수요를 증가시키는 정책에 해당된다.

2 ④

갑이 유언도 남기지 못한 채 사망하였기 때문에 법정상속이 진행된다. 배우자와 직계비속이 1순위로 상속받으며, 5할이 가산되는 배우자가 3억 원, 나머지 자녀들이 각각 2억 원씩 상속받는다.

④ 직계존속인 노모는 2순위이기 때문에 상속받지 못한다.

3 ③

③ 행정 기관의 재량권은 약화된다.

※ **공공기관의 정보공개에 관한 법률 제1조(목적)** … 이 법은 공공기관이 보유·관리하는 정보에 대한 국민의 공개 청구 및 공공기관의 공개 의무에 관하여 필요한 사항을 정함으로써 국민의 알권리를 보장하고 국정(國政)에 대한 국민의 참여와 국정 운영의 투명성을 확보함을 목적으로 한다.

4 ③

③ 준거집단은 한 개인이 자신의 신념·태도 및 행동 방향을 결정하는 데 준거기준으로 삼고 있는 사회집단이다.

① 내집단은 한 개인이 그 집단에 소속한다는 느낌을 가지며, 구성원 간에 우리라는 공동체 의식이 강한 집단을 말한다.

② 외집단은 내집단에 반하여 이질감이나 적대 의식을 가지는 집단을 말한다.

④ 이익 사회는 결합의 동기가 이해관계에 있고, 구성원들의 선택의지에 의하여 이루어지는 사회를 말한다.

5 ②

① 의회와 정부를 매개하는 것은 정당이다.

③ 정치 사회화 기능은 정당, 이익집단, 시민단체 모두가 할 수 있다.

④ 이익집단은 영리를 추구하는 집단이다.

6 ②

헌법소원은 공권력으로 인해 기본권을 침해받은 경우 이를 회복시켜 달라고 헌법재판소에 청구하는 일을 말한다. 국가기관의 공권력 행사 또는 불행사로 국민이 헌법상 보장된 기본권을 침해받은 경우 국민은 이를 회복하기 위해 헌법재판소에 헌법소원심판을 청구할 수 있다.

② 헌법상 기본권인 통신의 자유를 침해당한 경우이다.

①③④ 법원에 소송을 청구할 수 있는 사례이다.

7 ③

① 감사 및 조사는 공개로 한다. 다만, 위원회의 의결로 달리 정할 수 있다.〈국정감사 및 조사에 관한 법률 제12조〉

② 조약 체결 및 비준 권한은 대통령이 가진다.

④ 법률안 의결은 재적의원 과반수의 출석과, 출석의원 과반수 이상 찬성이 필요하다.

8 ③

국내 총생산(GDP)은 일정 기간 동안 한 나라의 국경 안에서 생산된 모든 최종생산물의 시장가치로, A국의 국내 총생산은 국적과 관계없이 A국 내에서 생산된 것의 총합이다.

③ A국의 국내 총생산은 C국의 근로자가 A국에 취업해서 받은 200만 달러와 C국의 항공기 업체가 A국에 공장을 세워 생산한 제품을 B국에 수출하여 벌어들인 1,000만 달러를 더한 1,200만 달러이다.

9 ②

심의민주주의는 대의제의 한계와 국민적 여론의 왜곡을 보완하기 위해 만들어졌으며 시민의 참여와 토론을 중시한다. 이러한 이유로 심의민주주의는 시간과 비용의 측면에서 어려움이 있다.

10 ④

④ 국회의 임시회는 대통령 또는 국회재적의원 4분의 1 이상의 요구에 의하여 집회된다.(헌법 제47조 제1항)

11 ②

ⓒ 1차적이고 비공식적인 사회화 기관에 속한다.
ⓔ 2차적이고 공식적인 사회화 기관에 속한다.

12 ②

(가) 계층 체계 내에서의 개인의 위치 변화→개인적 이동
(나) 사회 변동으로 기존의 계층구조가 변화됨으로써 나타나는 위치 변화→구조적 이동

13 ②

제시된 그림은 고구려 굴식돌방무덤인 강서대묘의 사신도 중 현무도이다.

② 신라의 돌무지덧널무덤은 지하에 무덤광을 파고 상자형 나무덧널을 넣은 뒤 그 주위와 위를 돌로 덮은 다음 그 바깥을 봉토로 씌운 귀족의 특수무덤으로 벽화가 나올 수 없는 구조이다.

14 ③

③ 모두 왕권강화를 위해 지방세력을 견제하기 위한 제도이다.

ⓐ 기인 제도 : 태조 왕건은 지방 호족의 자제를 볼모로 중앙에 머물게 하는 기인 제도를 실시하였다. 기인 제도는 호족 세력을 견제하여 왕권을 강화하기 위해 실시하였다.

ⓒ 사심관 제도 : 고려 태조 때 지방 호족 세력을 약화시키려고 실시한 왕권 강화책이다. 935년 고려에 항복한 신라의 마지막 왕인 경순왕(김부)을 경주의 사심관으로 삼은 데에서 시작되었다. 그 지방의 관리를 그 지방 사람으로 임명하여 지방에서 반역의 일이 발생하면 사심관 직에 임명된 관리에게 연대 책임을 지게 함으로써 지방 세력을 약화시키는 것이다.

ⓒ 상수리 제도 : 신라시대 중앙정부가 일종의 볼모를 이용해 지방세력을 통제하던 방식으로 고려시대 기인제도(其人制度)의 전신이다.

ⓔ 경재소 제도 : 조선 전기 중앙의 고위 관리가 자기 출신지역 유향소의 품관들을 관리 감독하며 정부와 지역 간의 여러 가지 일을 주선하던 중앙기구다.

15 ④

ⓐ 6세기 초반
ⓒ 6세기 후반
ⓒ 3세기
ⓔ 5세기
ⓜ 4세기

16 ①

고려시대에는 기금을 조성하여 그 이자로 공적인 사업의 경비로 충당하는 보가 발달하였으나 원래의 취지와 달리 이들은 이자 취득에만 급급해 고리대업을 성행시켜 농민생활에 큰 폐해를 가져왔다.

17 ④

거란의 항쟁결과

ⓐ 국제관계에서 세력의 균형이 이루어졌다(거란, 송, 고려).
ⓒ 강감찬의 건의로 국방을 강화하기 위하여 개경에 나성을 축조하였다.
ⓒ 압록강 어귀에서 동해안 도련포에 이르는 천리장성을 축조하였다(거란과 여진의 침입에 대한 방어를 위해).

18 ③

인물성동론은 북학파 형성에 영향을 주었다.

※ 호락논쟁

ⓐ 18세기 노론 내부에서 발생한 철학논쟁으로 주기론적 호론과 주리론적 낙론으로 나눌 수 있다.
ⓒ 충청도 중심의 호론은 인물성이론(人物性異論)을 주장하며, 기(氣)의 차별성을 강조하여 기존의 지배질서를 강화하였다. 권상하, 한원진, 윤봉구 등이 중심이 되었으며, 화이론과 위정척사로 이어졌다.

ⓒ 서울·경기 중심의 낙론은 김창협, 이간, 이재 등이 중심이 되어 인물성동론(人物性同論)을 주장하며, 이(理)의 보편성을 강조하였다. 화이론을 극복하였으며, 새로운 자연관을 성립시켜 북학 사상의 기반이 되었다. 19세기에는 기정진·이항로 등에 의해 위정척사의 배경이 되기도 하였다.

19 ③
③ 아방강역고는 국토에 대한 학문적 이해의 축적과 중국으로부터의 서양식 지도의 전래로 중국 중심의 세계관을 변화시켜 편찬한 것으로 우리 국토의 강역의 변천을 주로 연구한 역사지리서이다.

20 ④
① 우리나라 최초의 철도는 경인선으로 부설권을 획득한 나라는 미국이다. 이후 미국이 일본에 매각하여 일본이 부설하게 되었다.
② 국권이 상실되자 신채호는 민족영웅전을 저술하여 민족의식을 고취시켰다.
③ 박영효의 건의에 의해 만들어진 박문국은 한성순보를 발간하였다.

21 ②
조선후기의 경제생활 … 지주전호제의 확산, 광작의 성행, 정치기강의 문란 등으로 농민의 농토이탈이 심화되었다.
㉠ 농토로부터 이탈된 농민들은 도시로 나가 영세상업에 종사하거나 광산, 포구 등지에서 품팔이로 생계를 영위하였다.
㉡ 정부는 광산개발을 정부 주도에서 민간 주도로 이양하는 설점수세제를 시행하였다.
㉢ 수공업에 있어서 장인의 등록제를 폐지하였고 상업에 있어서는 육의전을 제외한 시전의 금난전권을 폐지하였다.
㉣ 경제활동은 민간의 자율과 시장경제의 수요, 공급에 따라 이루어져 갔다.

22 ②
② 방납의 폐단과 관리들의 부정으로 인한 조세 개편은 전세가 아니라 공납제의 개편이다. 이로 인해 대동법이 실시되었다.

23 ①
일제 강점기 형평운동을 주도한 신분은 백정이다.
㉢ 갑오개혁으로 법률상 신분의 구분이 없어졌으며, 그 후 사회적 편견과 차별도 점차 축소되어 갔다.
㉣ 조선 형평사는 백정의 신분해방운동의 일환으로 1923년 4월 경상남도 진주에서 시작되었다.

24 ④
좌우합작운동은 미군정의 후원하에 처음 전개되었으며 좌우합작 7원칙 중 2조항에 미소공동위원회의 속개를 요청하는 내용이 있다.
㉡ 중도우파인 김규식과 중도좌파 여운형이 주도하였다.
㉢ 조선공산당은 좌우합작운동에 참여하지 않았다.

25 ①
제시된 내용은 1972년 7·4 남북공동성명에 담긴 '자주, 평화, 민족대단결'이라는 조국통일의 원칙이다. 1969년 7월 미국의 닉슨대통령은 미국의 직접 개입을 자제하겠다는 닉슨독트린을 발표하였다. 그 결과, 핑퐁외교를 통해 미국과 중국이 화해하는 데탕트 시대가 형성되었다. 미·중공간의 화해 모드와 닉슨독트린에 따른 주한미군 철수, 기층민중의 생존권투쟁과 각계각층의 민주화투쟁 등 내외적 도전에 직면한 박정희 정권은 민중의 통일열망을 이용하여 국내 정치의 안정을 도모하고 장기집권 토대를 마련하기 위해 남북적십자회담을 추진하는 한편, 비밀리에 대북접촉을 시도하여 72년 5월 당시 중앙정보부장 이후락과 북한의 제2부수상 박성철이 평양과 서울을 비밀리에 서로 방문, '자주, 평화, 민족대단결' 3대 통일원칙을 비롯하여 상호중상·비방 및 무력도발의 중지, 다방면에 걸친 교류의 실현 등에 합의하였다.